世界历史未解之谜

GREAT MYSTERIES OF WORLD HISTORY

李锁清 主编

光明日报出版社

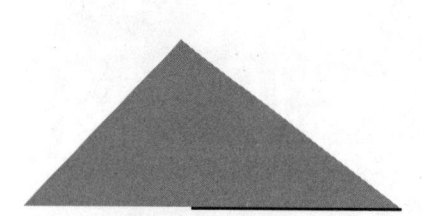

世界历史漫长而又耐人寻味，在其进程中，还存在着众多悬而未解的问题。诸如金字塔的神秘力量、埃及艳后芳魂归处、拿破仑死因何在、苏联解体内幕、玛丽莲·梦露神秘之死、耶路撒冷重宝遗失何处、马丘比丘为何废弃、百慕大迷雾重重、尼斯湖怪兽神龙见首不见尾、不明飞行物造访地球等，这些历史疑案极富传奇与神秘色彩，有的还包含着理解历史演进的关键细节，它们所散发的神秘魅力，像磁石般吸引着人们好奇的目光，并刺激着人们探究其真相的强烈兴趣。在对种种历史谜题的破译和解析中，人们不仅能获得知识上的收益，也可以得到愉快的精神体验。

本书以一种新的视角来研究和探索历史，针对各个历史谜题，参考大量历史文献、考古资料，并吸收最新的研究成果，通过严肃而科学的分析论证，去伪存真，做出令人信服的结论。全书分为宫廷、政界、政事、战争、名人、科技、文化、宗教八个部分，时间上贯穿远古人类直到当今社会；内容上基本涵盖历史领域中政治、经济、军事、科技、文化、宗教等方面。在写作风格上，力求通俗易懂、精确生动，将历史疑点与谜团用深入浅出的语言叙述出来，注重其中的知识性和可读性，以符合不同层次读者的阅读需要。同时，通过简洁明朗的版式设计把大量精美的图片和文字表述有机融合。所选图片包括历史遗迹、经典名画、人物雕像、教堂壁画、经典建筑以及一些珍贵的历史照片、卫星拍摄的照片，还有一些难得一见的水下摄影等。这些图片是对人类探求历史真相的真实记录，为读者提供了无限的想象空间和广阔的文化视野。

本书对历史未解之谜的探索，史料与实物证据并举，使众多富有传奇色彩的历史谜题掀开其神秘面纱，给人们一窥真相的阅读快感。在这种严肃而充满趣味的探索中，不但披露了大量鲜为人知的细节，再现了历史的丰富与变幻，同时让读者从中获得思考与发现的乐趣。

不足之处，请学界专家、广大读者批评指正。

目录 CONTENTS

1 宫廷 ROYAL COURT

- 8 | 古埃及金字塔仅仅是法老的葬身之地吗？
- 10 | 古埃及图坦卡蒙法老是死于谋杀吗？
- 12 | "万王之王"大流士是怎样获得波斯王位的？
- 14 | 马其顿亚历山大大帝死于谁手？
- 16 | 恺撒大帝是让私生子杀死的吗？
- 18 | 埃及艳后自杀之谜
- 20 | 古罗马皇帝提比略为何选择自我流放？
- 22 | 英王威廉二世真是死于意外吗？
- 24 | 亚瑟王及其圆桌武士传说之谜
- 26 | 沙皇彼得三世死于叶卡捷琳娜之手吗？
- 28 | 伊丽莎白女王为何终身未嫁？
- 30 | 俄国女皇叶卡捷琳娜二世是怎样登上王位的？

2 政界 POLITICAL CIRCLES

- 32 | 古罗马政治家苏拉退隐之谜
- 34 | 华盛顿死因难明
- 36 | 列宁是被毒死的吗？
- 38 | 希特勒性别之谜

40 | 希特勒选用卍作党徽有何用意？
42 | 斯大林之子在纳粹集中营中死亡之谜
44 | 女间谍川岛芳子有没有被枪决？
46 | 苏联政治家基洛夫死因莫测
48 | 斯大林是死于他人谋杀吗？
50 | 格瓦拉为何在古巴胜利后远走他乡？
52 | 刚果总理卢蒙巴是被比利时人杀害的吗？
54 | 谁谋杀了马丁·路德·金？
57 | 肯尼迪遇刺之谜
58 | 拉登财富之谜

76 | 美国在日本投放原子弹意图何在？
78 | 猪湾事件是美国中情局策划的吗？

4 战争 WAR

80 | 特洛伊战争究竟是真是假？
82 | 古罗马军团为何能横行欧亚？
84 | 古罗马起义将领斯巴达克为何率军南下？
86 | 古罗马远征安息的大军流落何处？
88 | 西班牙"无敌舰队"覆灭之谜
90 | 拿破仑在滑铁卢惨败另有原因吗？
92 | 希特勒发动"巴巴罗萨"空战战果如何？
94 | 诺曼底登陆成功的背后英雄有多少？
96 | 日本偷袭珍珠港能够避免吗？
98 | 伊拉克的战机外飞之谜
100 | 美军在海湾战争中为何未将萨达姆彻底推翻？
102 | 科索沃战争中"特遣部队之鹰"计划缘何流产？

3 政事 POLITICAL EVENTS

60 | 君士坦丁为何将基督教立为国教？
62 | 罗马帝国覆亡之谜
64 | 古代日本人到唐朝"留学"仅是为了学习吗？
66 | 法国圣女贞德从火刑台上逃走了吗？
68 | 列宁下令枪杀了尼古拉二世吗？
70 | 希特勒血洗冲锋队之谜
72 | 二战时的《苏德互不侵犯条约》附有秘密议定书吗？
74 | 克里普斯在二战期间为何突然访印？

5 名人 CELEBRITY

104 | 荷马及其史诗之谜
106 | 苏格拉底为什么娶悍妇为妻？

世界历史未解之谜

5 名人 CELEBRITY

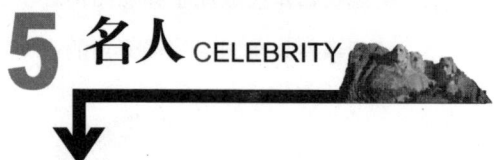

- 108 | 天文学家托勒密真的是欺世盗名吗？
- 110 | 米开朗琪罗的"怪癖"与其创作有关吗？
- 112 | 达·芬奇神奇的创造力来源于他人吗？
- 114 | 哥伦布发现美洲大陆是阴差阳错吗？
- 116 | 牛顿精神失常之谜
- 118 | 安徒生是丹麦国王的私生子吗？
- 120 | 音乐大师贝多芬猝死之谜
- 122 | 凡·高开枪自杀是精神失常了吗？
- 124 | 弗洛伊德放弃性诱惑论之谜
- 126 | 普希金之死和沙皇尼古拉一世有关吗？
- 128 | 托尔斯泰晚年离家出走之谜
- 130 | "硬汉"海明威自杀是因患有ED症吗？
- 132 | 毕加索是纵欲身亡的吗？
- 134 | 梦露一夜走红好莱坞之谜
- 136 | 玛丽莲·梦露之死与肯尼迪兄弟有关吗？
- 138 | "甲壳虫"创始人列农遇刺身亡之谜
- 140 | 日本作家川端康成为何自杀身亡？

6 科技 SCIENCE AND TECHNOLOGY

- 142 | 宇宙是由大爆炸产生的吗？
- 144 | 古埃及的"木鸟模型"与外星人有关吗？
- 146 | 古印度人制造宇宙飞船之谜
- 148 | 古希腊人制造过齿轮计算机吗？
- 150 | 欧洲也发明活字印刷术了吗？
- 152 | 印第安人的人头缩制术是怎样发明的？
- 154 | 莱布尼茨发明二进制与《周易》有关吗？
- 156 | 火箭是哪个国家最先发明的？
- 158 | "泰坦尼克号"沉没之谜
- 160 | 美国"阿波罗"号到底登没登上过月球？
- 162 | 艾滋病来自何方？
- 164 | "魔鬼三角"百慕大的"魔鬼"是谁？
- 166 | 北极"阿里亚尼"真是地心飞碟基地吗？
- 168 | 鲸"集体自杀"之谜
- 170 | 野兽为何抚养人类的孩子？
- 172 | 尼斯湖怪兽之谜

7 文化 CULTURE

- 174 | 挪亚方舟的传说真有其事吗？
- 176 | 人类文字是怎样起源和发展的？
- 178 | 英国巨石阵遗址是天文观测仪器吗？
- 180 | 狮身人面像之谜
- 182 | "空中花园"真是古巴比伦国王所建吗？
- 184 | 古希腊奥林匹克运动会是怎样诞生的？
- 186 | "断臂女神"维纳斯之谜

188| 忒修斯传说和克里特文明之谜
190| 希腊智慧女神为何从父身诞生？
192| 美洲人修建太阳门目的何在？
194| 古罗马人为何沉溺于沐浴？
196| 罗马竞技场上的猛兽来自何处？
198| 玛雅文明为何如此先进？
200| 古印加人为何将"空中之城"弃之而去？
202| 《天方夜谭》故事的背景是巴格达城吗？

208| 犹太人世代多灾多难之谜
210| 耶稣复活之谜
212| 《古兰经》中的数字之谜
215| 伊斯兰教的穆斯林为何要到圣地朝觐？
216| "圣城"耶路撒冷是否真的有遗失的宝藏？
218| 印度尼西亚"千佛寺"之谜
221| 教皇亚历山大六世的私生女品行如何？
222| 教皇约翰·保罗二世为何被刺？

8 宗教 RELIGION

204| 释迦牟尼真的出身皇室吗？
206| 基督教到底产生于何地？

世界历史未解之谜
宫廷
Royal Court

古埃及金字塔仅仅是法老的葬身之地吗？

金字塔是人类文明史中的一项伟大奇迹，更是永恒的谜团，数千年以来，它矗立在古老的尼罗河畔，迎曙光，浴暮霭，闪着神奇的智慧之光。然而，关于金字塔的起源问题，经过历代学者的激烈的论争，至今仍众说纷纭。

在中世纪，很多作家都认为，在埃及粮食充裕时期，金字塔是用来储藏粮食的大仓库。近几年来，金字塔被人描述为与日晷仪和日历、天文观测台、测量工具甚至与神秘的外星生命相联系的东西，把金字塔当作天外宇宙飞船的降落点。

然而，大部分有声望的埃及学者认为金字塔是法老们的坟墓。这一理论也最能被人们所广泛接受。金字塔散布于尼罗河的西岸，根据埃及神话，这里与通往来世的路途相通。考古学家们在金字塔附近发现了许多在葬礼仪式中使用的小船，据说，这些小船就是法老们驶向来世的工具。

许多金字塔中都有石棺或木棺，这早已被证实。19世纪之前，在石棺上或在石棺附近发现的神秘图画被确定为

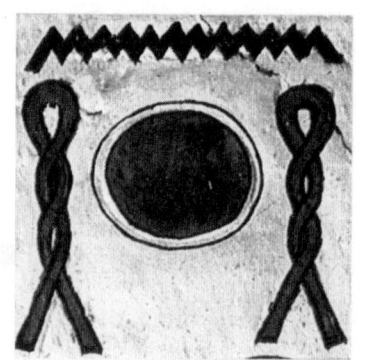

■神秘的文字
三个象形文字符号在古埃及语中意为"永恒"

用来帮助法老们从一个世界通往另一个世界的咒语。

然而，一个铁的事实却让坟墓理论缺乏了最主要的依据，就是学者们在金字塔中找不到法老们的尸体，而且许多法老好像建造了不止一个金字塔。

20世纪著名的物理学家库尔特·门德尔松坚持认为法老们建造金字塔的目的是在到处是散落的部落的时代巩固埃及国家地位，而金字塔不是坟墓。门德尔松的理论使坟墓理论不能解释的问题得以解决。

还有一些人认为金字塔中没有尸体，却有大量的陪葬品，说明金字塔是衣冠冢——死去的法老们的纪念碑，但不是他们真正的坟墓。

■ 胡夫金字塔

绝大多数埃及学者仍然认为，尽管金字塔也具有其他用途，但它们首先是作为坟墓而被建造的。它们的周围环绕着其他坟墓，这些坟墓的主人在当时的地位都在法老之下。

另外，关于金字塔的一个折中的观点认为，金字塔可以被理解为古代建筑进步的标志之一，这一种建筑从矩形、平顶、砖泥结构的坟墓开始，今天我们称之为古埃及墓室（里面曾经发现过尸体）。然后，建筑师们开始把一个平顶结构垒在另一个上，这样就建成了今天被我们称为"台阶式金字塔"的建筑物，其中最著名的那些现在仍坐落在撒哈拉地区开罗南部。

几乎所有的延续了埃及文明的东西都关系到了死亡，死亡好像成了他们宗教、文学的限定力量。法老们认为，他们的目的不是今生而是来世，不管是通过小船、台阶还是借助太阳光，只要能成功即可。因此，金字塔被设计成能存放他们遗体的式样，也就是坟墓，这是目前一种最合理的推测。

不过科学是永无止境的，历史在延续，人类的天性在于探索无限的未知世界，随着科学的发展，随着探索者们坚持不懈的努力和灵感的产生，金字塔之谜一定会真相大白，也许一个新的、不为人知的理论又摆在世人面前，也许又有更多的谜团不能解开，到那时又会怎样呢？

■ 法老门卡乌和妻子立像

宫廷

古埃及
图坦卡蒙法老是死于谋杀吗？

古埃及以其灿烂的文明和神秘的传说吸引了无数历史和考古学者。在开罗南700多公里的尼罗河西岸，埋葬着30多个法老，学者们称之为"帝王之谷"。

1922年，考古工作者在"帝王之谷"内发现了距今3000多年前十八王朝的法老图坦卡蒙的陵墓。图坦卡蒙是著名的阿蒙普特四世（即埃赫那吞）王后尼费尔提提的女婿。这位君主政绩平平，没有什么大作为。他大约于公元前1361年登基，当时年仅10岁，娶了一个12岁的少女。19岁时他便死去了（也有人认为他死时18岁）。这些就是史料传说对他生平的全部介绍。图坦卡蒙的陵墓是迄今为止所发现的最完整、最有价值的古代埃及法老的陵墓。

■图坦卡蒙法老的黄金面具

1972年和1976年图坦卡蒙墓中出土的部分珍贵文物先后在伦敦、华盛顿展出，吸引了成千上万的欧美观众，再次轰动了整个世界。图坦卡蒙又一次成为人们津津乐道的话题。

古老、神秘的图坦卡蒙之墓发掘成功后，人们终于见到基本上完整的法老墓葬，也第一次看到了法老的葬制。

整座墓由前室、墓室、耳室、库室组成。除墓室外，所有的地方都放满了家具、器皿、箱匣等各类器物，其中包括墓主人的宝库。墓中的每件器物，都以金银珠玉装饰而成。在墓室中还发现了两尊真人大小的乌木镀金雕像，据学者们认为是图坦卡蒙的形象。这两尊雕像生动逼真、栩栩如生，充分反映了古代艺术家们高超的技术和丰富的想象力。在8

年的挖掘过程中,卡特在墓中发现了2000多件文物,墓中奇珍异宝非常丰富。

图坦卡蒙的木乃伊被密封在重重的棺椁之中,在棺材外面的4层是涂金的木椁。最里面的是黄金打制成的棺椁。当揭开裹在木乃伊脸部的最后一层亚麻时,人们突然发现图坦卡蒙的脸上靠近左耳垂的地方有一处致命的创伤,创伤是怎么造成的?凶手是谁?这一切都成了谜。

我们结合一些文献史料的记载和刚出土的壁画文物可以大体得知:由于图坦卡蒙登基时年纪非常小,只是同老臣阿伊共掌大权。他在19岁时突然死去。在他死后,他的年轻皇后请求赫梯王派一王子与她完婚。可是赫梯王子在来埃及途中被人杀害。接下来,老臣阿伊继承了王位。

可是,我们从这些零散的资料与传说中无法揭开图坦卡蒙猝死之谜,谜底在哪里?也许仍长眠于尼罗河充满神奇色彩的土地下,我们只有期待更多的出土资料来揭开这个谜底,也许会由此发现更多不为人知的谜团,从而为世人留下更多的悬念、无限的遐想。

■ 图坦卡蒙在小舟上的木雕像

■ **骑牛车的努比亚公主**
一位努比亚公主乘着由两头牛拉的战车,她的随从们手捧着金指环、豹皮以及其他礼物,将其敬献给古埃及第十八王朝法老图坦卡蒙。

■ 图坦卡蒙的黄金王座

宫廷

世界历史未解之谜 宫廷

■ 大流士一世的王宫遗址

"万王之王"大流士是怎样获得波斯王位的？

被尊称为"万王之王"的大流士登上王位的手段到底是怎样的呢？有一天，冈比西斯过去的一个王妃发现新皇帝没有耳朵。她把这件事透露给了她的父亲、大臣欧塔涅斯。欧塔涅斯立即断定新皇帝是僧侣高墨达，而不是巴尔迪亚。因为在居鲁士当皇帝时，曾因高墨达有过失而将他的双耳割去。欧塔涅斯立刻将真情告诉了另外的6名波斯贵族，以后的皇帝大流士一世就是其中的一员。他们决定发动一次政变，把高墨达杀死以夺回政权。

这7个大臣先是派人在首都到处散布新皇帝是高墨达而不是巴尔迪亚的消息。很快，假巴尔迪亚的消息便在京城传开。

高墨达发现真相败露之后，十分惊慌，马上逃到米底的一个地方，最后被大流士和欧塔涅斯等人杀死。

根据希罗多德的《历史》记载，当7个起义的贵族把

■ 大流士接受贡物浮雕

12

局势平定之后，在讨论波斯的统治权的时候，欧塔涅斯第一个发言说："我认为应该停止一个人的独裁统治，因为这既不是一件快乐的事，也不是一件好事。当一个人愿意怎样做便怎样做而自己对所做的事又可以毫不负责的时候，那么这种独裁的统治有什么好处呢？把这种权力给世界上最优秀的人，他也会脱离他的正常心情的……相反，人民统治的优点首先在于它那美好的名声，那就是，法律面前人人平等。其次，那样也不会产生一个国王所易犯的错误……任职的人对他们任上所做的一切负责，而一切意见均交给人民大众加以裁决。因此我的意见是，我们废掉独裁政治并增加人民的权利，因为一切事情是必须取决于公众的。"美伽比佐斯则主张实行寡头统治而反对民主制。大流士则主张独裁。他说："没有什么能够比一个最优秀的人物的统治更好，他能够完美无缺地统治人民，为对付敌人而制定的计划又可以隐藏得最严密。"他接着论证了民主或者寡头制由于互相争斗都会最终导致独裁，结果，大流士的意见以4比3而获得通过，在决定由谁当这个独裁者的时候，7个贵族还约法三章：第一，欧塔涅斯明确表示未来的国王不能支配他及他的后代，相反，每年都要给予其奖赏；第二，7个人不经通报就可以进入皇宫，当然，国王正在和一个女人睡觉时除外；第三，国王必须在同谋者的家族里挑选妻子。

他们进行了一次比试，在一个清晨他们来到市郊，据说因为马夫在那个时候把摩擦过母马阴部的手放到了大流士的马的鼻子上，结果大流士的马首先嘶鸣起来。根据约定应由大流士当国王。

大流士自从坐稳王位以后，为自己树立了一个石碑，石碑上面有这样的句子：

"叙斯塔斯帕之子大流士，由于他的马和他的马夫欧伊巴雷的功绩，赢得了波斯帝国。"

和他一起杀高墨达的那几个大臣，这时都不敢提出异议了。其中有个叫尹塔普列涅的大臣因不识时务而冲撞了大流士，结果其全家都被大流士杀了。

大流士在公元前500年发动了对希腊的战争。在公元前490年的马拉松战役中，希腊人把波斯军队打得大败。10年后，大流士的儿子薛西斯第二次远征希腊又惨败而归。从那以后，波斯帝国逐渐走向衰落。

■ **大流士一世雕像**

在它的袍子和垫子上，用四种文字刻着大流士的名字。

宫廷

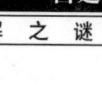

世界历史未解之谜　宫廷

马其顿亚历山大大帝死于谁手？

亚历山大大帝一生纵横无敌,他曾率领马其顿希腊联军发起对波斯帝国的远征,用近10年的时间把东方广大地区征服,从而建立了横跨欧、亚、非三大洲的庞大帝国,然而,这位纵横天下的大帝于公元前322年夏在巴比伦猝死,他到底死于什么原因呢?

生于马其顿都城伯拉的亚历山大大帝(公元前356~前323年)出身于新兴的王族家庭,他的父亲就是腓力二世。他小时候曾拜著名哲学家亚里士多德为师,从而受到良好的希腊文化教育,他16岁就随父出征,从而学得不少军事知识。他公元前336年即位,并先后平定宫廷内乱,制服北方诸侯反叛,击败了希腊各邦的反马其顿运动。公元前334年春,亚历山大带领着他的马其顿希腊联军,穿过赫斯斯湾海峡远征波斯。公元前333年,在小亚细亚伊苏城附近把大流士三世率领的波斯军打得落花流水,并俘获了大流士三世的母亲、妻子。公元前327年夏,利用印度诸国之间的矛盾,亚历山大占领印度西北的许多地区。但是由于当地人民的顽强抵抗以及战士的厌战情绪,再加上当地气温高,瘟疫流行,亚历山大被迫撤军。公元前

■ 亚历山大头像

324年，亚历山大军队分别从海陆两路回到了巴比伦。

公元前323年夏，亚历山大突然暴病而亡，这时他正准备着一次新的远征。是何种疾病夺去了亚历山大的生命？史学家们有许多不同的看法。

第一种看法是他死于恶性疾病，苏联学者塞尔格叶夫曾在《古希腊》中提过。在《亚历山大新传》这本书中，美国学者高勒将军认为"亚历山大由于长期在沼泽地区作战而染上恶性疾病，在6月13日晚上发作，从此离开人世"。他来不及留下遗嘱，更没时间指定由谁来继位，持同样看法的还有我国史学家吴子谨教授。

■亚历山大追击大流士的战斗

第二种看法是，英国著名史学家赫·乔·韦尔斯认为："在巴比伦，亚历山大有一回酩酊大醉以后，突然发烧，从此一病不起，不久就死去了。"《大英百科全书》也有这样的看法："在一次超长的酒宴之后，他突然一病不起，10天之后，即公元前323年6月13日去世了。"

第三种说法是亚历山大为毒药所害。在古希腊史学家阿里安的《亚历山大远征记》中说部将安提帕特鲁送给亚历山大一副药，正是这副药让亚历山大命丧黄泉。还说药是盛在一个骡蹄壳里，由安提帕特鲁的儿子卡山德送到亚历山大那里去，这副药是亚里士多德替安提帕特鲁配的。卡山德的弟弟埃欧拉斯里是亚历山大的御杯侍从。由于亚历山大不久前曾冤枉过他，他一直怀恨在心。但到底是什么原因使得这位正处于人生、事业巅峰的亚历山大大帝一病不起，至今仍让人不得而知，只有让后人面对着他所建立的不朽功勋大发感慨。

■亚历山大军队战斗浮雕

世界历史未解之谜

恺撒大帝是让私生子杀死的吗？

在《哈姆雷特》一剧中，莎士比亚曾借哈姆雷特之口说"弱者，你的名字叫女人"。而在《裘力斯·恺撒》中，与此话形成鲜明对比的却是他对布鲁图的高度赞扬——"这才是一个真正的男人"。布鲁图何许人也？传说中是恺撒大帝与其情人塞尔维利娅的私生子，也是后来阴谋刺杀恺撒的主要策划者之一。

罗马历史上已有尼禄弑母夺权的事迹，那么布鲁图杀父又是为什么呢？他真的亲自参与了刺杀行动吗？

公元前44年3月15日，在庞培议事厅，当每个谋杀者都向恺撒身上捅刀时，布鲁图也刺了一刀，恺撒对别的刺杀者拼命进行反击，并一面喊叫一面挣扎，然而当他看到布鲁图手里的匕首时，竟然默默地用外袍蒙上了头，心甘情愿地挨刺。另有一些人写道："当布鲁图向恺撒行刺时，恺撒用希腊语说道：'是你！我善良的孩子？为什么？'看来，恺撒在将死之时，仍认为布鲁图就是自己的孩子。"

普鲁塔克在给恺撒和布鲁图作传时，是以这些为基调的："恺撒不但深爱塞尔维利娅而且也爱布鲁图，虽然他不过是私生子。"在普鲁塔克看来，恺撒如此仁慈地对待布鲁图，正是源于这种爱。

▇ 恺撒像

▇ 布鲁图像

但当恺撒和庞培为争夺最高权力而开始内战时，人们没有料到的是，布鲁图没加入恺撒一方，而是站到处死自己的父亲的庞培一边。尽管如此，恺撒仍爱着布鲁图。他告诉下属，不许在战争中令布鲁图死亡。如果布鲁图投降，就俘虏他，如果他誓死不当俘虏，就随他便，总之千万不可伤害他。

16

恺撒对布鲁图可谓仁至义尽。普鲁塔克说，假如布鲁图愿意，他甚至可以成为恺撒最亲密的朋友。那么布鲁图到底为何要一向反叛恺撒，甚至一定要杀死他呢？从根本上说，布鲁图与卡西约一伙作为共和派，他们极端仇视君主专制制度。面对有称王企图的恺撒，布鲁图表示了坚决的立场："为国家自由而死，是我们刻不容缓的职责！"

种种迹象表明，大义凛然的布鲁图对恺撒大帝可谓是恨之入骨，积怨不浅。在他心中，恺撒即是暴君的代表，而除暴安良是他作为"真正男人"所必定要做的。刺杀恺撒天经地义。但以上只是作者普鲁塔克的一些主观倾向而已。究竟恺撒大帝身死谁人之手，还有待做进一步的考察。

■ 罗马贸易广场

恺撒建立了罗马广场，并在罗马成为广阔帝国的首都后又在原广场边上另建了一座广场，它呈长方形，周围环绕的是遮掩货摊的柱廊。

■ 表现恺撒被刺死的绘画

尽管事先受到威胁，恺撒还是没带武器便来到元老院，在凶手中，他认出布鲁图——他之前非常信任的人，死前他说到："你也这样，我的儿子！"

埃及艳后自杀之谜

在埃及，几乎无人不识克里奥帕特拉。她常像诡异壮观的金字塔群一样为众人所津津乐道。这不单得益于她沉鱼落雁、闭月羞花般的容貌和维纳斯般的身段，更得益于她那富有传奇色彩的一生及至今不为人知的死亡之谜。

公元前51年，托勒密十二世逝世后，依照埃及当时法律和遗诏规定，21岁的克里奥帕特拉和小她6岁的异母弟弟结为夫妻，共同执掌政权。公元前48年，在宫廷争斗中失败的她被其弟从亚历山大城逐出去。克里奥帕特拉野心极大，她在叙利亚和埃及边境一带招兵买马，打算重返埃及从弟弟手中夺取王位。

此时，适逢罗马国家元首恺撒追击庞培来到埃及，克里奥帕特拉的一个同党在此过程中为她献计：派士兵扮成商人，把包在毛毯里的女王抬到恺撒的行馆。恺撒打开来看，惊喜万分，在他面前出现的竟是克里奥帕特拉七世——她的美貌立刻使恺撒着迷了。自此，两人共浴爱河，成为一对佳偶。

作为克里奥帕特拉夜闯军营这一"壮举"的回报，她成了埃及女王，独揽大权。克里奥帕特拉不久后便为恺撒生了一个儿子，取名恺撒·里昂或托勒密·恺撒。天有不测风云，公元前44年3月15日恺撒遇刺身亡，她失意地离开了罗马。

公元前31年，屋大维与安东尼在阿克提乌姆海角会战。

公元前30年，屋大维逼近埃及，此时埃及军队发生内乱，安东尼眼看大势将去，便把披甲解去，抽出佩剑，自杀了，时年52岁。

被屋大维活捉的克里奥帕特拉得到她将被作为战利品带往罗马游街示众的消息后，便请求屋大维让她祭奠去世的安东尼。之前，她已把自己的遗书写好了。沐浴后，她用了一顿丰富的晚餐。此后，便失落地进入自己的卧室，躺在一张金床上，非常安详地睡去，

■沉入海底的克里奥帕特拉狮身人面像

但从此没有再醒过来。

　　匆忙赶到的屋大维把她的遗书展开，女王请求把她与安东尼埋葬在一起，对她的自杀屋大维虽然有些失望，但由衷地佩服她的伟大，便依照她的遗书，把她的遗体葬在安东尼身边。

　　那么她究竟是用何种方法自寻死路的呢？

　　大多数人认为，女王提前安排将一只藏有一条叫"阿斯善"的小毒蛇的盛满无花果的篮子带进墓中，再让小毒蛇咬伤自己的手臂，因中毒昏迷而死亡。抑或是，女王早就在花瓶里喂养了毒蛇，然后用一支金簪在蛇的身体上刺，引它发狂，直到把她的手臂缠住。持这种观点的人依据考证资料提出：卧室朝向大海的一边开着一个窗户，从这里受惊的毒蛇完全可以溜走。此外，女王的医生证明："她的手臂上，的确有两个不是很明显的疤痕。"

　　也有不少人不同意上述两种观点，因为咬伤或刺伤的痕迹没有在死者尸体上发现，在卧室中也没有发现任何有毒的小蛇。他们认为服毒而死的可能性最大。

■克里奥帕特拉纪念碑
碑上第二行刻有女王的名字

■古罗马硬币（上为安东尼头像，下为克里奥帕特拉。）

■克里奥帕特拉之死
亚克兴角海战的失利和安东尼的死，使艳后失去了活下去的勇气。她望着安东尼的尸体，悲痛欲绝。是否此时她死志已决呢？

宫廷

古罗马皇帝提比略为何选择自我流放？

古罗马的诸多皇帝在合上眼的那一刻不是轰轰烈烈战死疆场，就是暴虐过度被碎尸万段，要不就是毫无防备遇刺身亡。唯有提比略显得如此另类与安静。喜欢过离群索居生活的提比略直至生命的最后一刻依然驻守在自我放逐之地康帕尼亚。

可是，他为什么自我流放呢？罗马史学家塔西佗认为，提比略自我流放的原因有两个：一是由于提比略手下大将谢雅努斯的阴谋。但是塔西佗考虑到这样一个事实，那就是在谢氏被处死后，他同样离群索居达6年之久，所以另一面怀疑是出于己意，"目的是想借此来掩盖那由于他的行动而昭彰于世的残酷和淫乱"。这可能是其经过深思熟虑和下定决心才实施的。苏托尼乌斯则认为因为提比略的儿子分别不幸在叙利亚和罗马死亡，所以他想独自一人静一静。还有一种说法认为提比略老年时对自己的外貌特别敏感。他长得比较高，肩部下垂，却又瘦得出奇，脑袋上一根头发也没有，满脸又都长着脓疮，经常涂着各种膏药。

■这个青铜罐上刻有提比略乘车出行的场景

■提比略的刀鞘

■罗马贵族生活场面壁画

提比略殿遗迹

当他隐退后已经习惯于不和人们见面，而只是自己偷偷地享乐。

与前述众说截然不同的是，提比略的出走是由于他母亲的专横性格而致。他不能容忍他母亲与他一起共掌大权，但又不可能除掉她。

总地说来，古代人对其放逐的原因侧重在他的体质弱点和伦理道德方面，而近代史学家对此的看法和猜测则偏重于社会和政治方面的考虑。前苏联史学家科瓦略夫认为："早在公元26年，在病态的对人的厌恶和谢雅努斯的劝说的影响下，提比略离开了罗马。"爱德华·特·萨尔蒙则认为：提比略的目的可能是"第一使他的继承人可以获得经验，第二是为了逃避阿格里帕那的对一个自然海岛堡垒的密谋"。

无论如何，猜测与推断终不能最终得出提比略长期自我放逐的真正原因。自我恐惧也好，心理变态也好，都可能只是诸多原因之一。现在，大量的中外史学家们正在全力以赴地揭开这个谜。至于提比略，只要死得其所，足矣！

■卡里古拉像

提比略的甥孙与继承人，为人残暴。提比略的出走与他不无关系。

宫廷

英王威廉二世真是死于意外吗？

自古宫廷多纷争。在权势和财富的驱使之下手足相残、杀母弑父之事可谓比比皆是。人称"红面庞"的威廉二世似乎也是因为此类原因而丧命于狩猎场的。

1100年8月的一个下午，黄昏时分，英王威廉二世在新林骑马狩猎。新林占英国南部一大片土地，当时是皇家狩猎苑。威廉的弟弟亨利和一些随从同行。一行人分为几个狩猎小组，国王和他的亲信顾问蒂雷尔一组猎鹿。国王看见一只赤鹿跑过，立刻射了一箭，射中了赤鹿，但是它没有死。很长一段时间威廉坐在马鞍上不动声色，他用手挡着夕阳的斜照光线，想看清楚那只受伤的赤鹿的行走路线。

蒂雷尔就在此时射了一箭，鹿没有射到，却把国王射中，国王向前面倒下去，那支箭在国王摔到地上的时候更深地插入他的胸膛，国王当时便没了气息。蒂雷尔急忙跑出树林向法国逃去。亨利则和其他的人策马飞奔，赶到临近的收藏皇室财宝的曼彻斯特，亨利把财宝抢到并确实予以掌握后，便马上赶回伦敦，加冕登基为亨利一世。此时，距威廉去世之日仅3天，众人从猎鹿的树林离开时，威廉二世仍然暴尸荒野。

但是国王之死至今仍是疑点重重：威廉二世是死于意外，还是被他那充满野心的弟弟谋害了呢？或是如最近有人所说的威廉二世心甘情愿依照异教徒的可怕教规自杀身

■ 威廉二世中箭示意图

在宫廷纷争如此敏感的时候丧命，威廉二世的死真是意外吗？

亡呢？大多数人当然相信传说中所出现的凶兆，这凶兆是威廉到新林行猎前夕所做的一个噩梦，梦见自己躺在血泊中而被惊醒，惊醒时不断狂叫。此外，还有人说听见国王命令蒂雷尔杀死他，因为根据威廉信仰的"宗教"，他已经老而无用，作为一个权力逐渐衰落的国王，必须在仪式中引颈就戮。

威廉一世共有3个儿子，威廉二世是老二。威廉一世在世时已给3个儿子分家，留给长子罗伯特的是法国的诺曼底，给次子威廉的是英国，亨利则没有土地，只获得一笔财富。大哥与二哥经常争执不下，甚至兵戈相见，但是二人在1096年以诺曼底为抵押，向威廉借了他们所需的钱。罗伯特在1100年夏季启程返国时，还娶了一个十分富有的女人。威廉决定，决不让哥哥还债把诺曼底赎回，他开始计划强夺诺曼底。新林猎鹿驾崩事件就是在做这种准备的时候发生的。

同时，如果亨利真的企图篡夺英国王位，他一定已把形势看得非常清楚，出乎意料之外的新发展对他篡位的计划有所妨碍。所以亨利先下手为强，其后只须对付一个哥哥而不必再与两位兄长争雄。威廉驾崩，罗伯特又远在他乡，亨利就能篡夺他原本无权过问的王位。证明亨利要对猎鹿时发生"意外事故"负责的一个有力证据是：他从未试图抓蒂雷尔回来以弑君之罪论处，甚至没有没收蒂雷尔的土地以示惩罚。

可是，以亨利的本领和为人是否能组织这样一个谋朝篡位的大阴谋呢？蒂雷尔跟主谋勾结杀掉恩公和朋友，又会得到什么好处呢？事实上自惨祸发生后直到去世时，蒂雷尔都不承认他有弑君行为。

依上所述，亨利的嫌疑不可不谓是最大。但他要策划

■ 威廉和他的诺曼底贵族们

这样一个缜密的阴谋却也不是件容易的事情。真凶何在，我们拭目以待。

■ 威廉进攻英格兰
这幅取自11世纪贝叶挂毯的图案，描绘了1066年威廉的军队和马匹在英格兰东西沿岸登陆的场面。自此开创了一个新王朝。

亚瑟王及其圆桌武士传说之谜

被誉为樱花之国的日本自古以来就极其崇尚武士道精神，其忠君、坚毅的主旨也正是大和民族生生不息的动力之源。古老的西方也曾流行着武士的传说，那便是亚瑟王和他的圆桌武士。在大多数人的心目中，亚瑟王及其所率领的圆桌武士便是一个充满罪恶的世界中的坚忍忠勇志士的代表，是维护文明、抵制蛮强入侵的英雄。

那么为何称其为圆桌武士呢？圆桌一词从何而来呢？

圆桌就放置在亚瑟王宫廷正中央。它象征了蔓延到全国各地的荣耀和王权，和国王加冕时手握的宝球作用相同。但圆桌的含义要比很多宝球深远。圆桌在实际意义上象征的是友爱与和谐。任何在圆桌周围坐着的武士都不会觉得地位比别人低，不会觉得委屈。圆桌是嫉妒、贪图权力与高位的解药，而中古时代战争与动乱正源于上述种种人类缺点。但是亚瑟王也规定，只有最杰出的"威猛无比、本事极大"的武士才能成为圆桌武士。

一位精通木工的专家认真检查了这张桌子。它大概是14世纪制成的。他的看法也得到了碳14年代测定法证实，断定圆桌用的大约是14世纪30年代所砍伐的树木制成。所以，如果这张桌子不是亚瑟王所制，又会是谁制这张桌子的呢？英王爱德华一世可能性最大，他当政年代是1272～1307年。

亚瑟王的传说，与11～13世纪日趋形成的见义勇为和保卫宗教的理想密切相关。每一个战士倘若要做成功的十字军士兵，倘若要追寻耶稣基督举行首次弥撒时所用的圣杯，都应该以亚瑟王的武力为效法对象。见义勇为的骑士精神到14世纪发展到极致。爱德华三世当时企图把法国征服，就像传说中亚瑟王要与罗马"独夫卢修斯"打仗一样。由于对骑士精神的崇尚，再加上亚瑟王的传说，设立一个新的武士精英组织的构想便在爱德华

■亚瑟王像

脑中形成。这个新组织以伦敦西边的温莎宫为活动中心。根据法国史学家让·福罗萨特记载,这是1344年4月23日圣乔治节,在一次盛大的马上比武庆典上宣布的。

不管亚瑟王及其武士是否曾经坐过这张圆桌。它的存在不再仅为单纯的家具之用,更成为亚瑟王及其武士忠勇坚毅的一种象征。真正的圆桌抑或早已灰飞烟灭,抑或至今尚存在某个不为人知的偏僻角落,而传奇的武士们则将千古流芳。

■关于亚瑟王传说的绘画
亚瑟王死后,圆桌骑士将他的宝剑扔入海中,却被海神抓起。民间这样的故事广为流传。令人疑惑的是,传说中的亚瑟王历史上真的存在吗?

■圆桌骑士

■盎格鲁-撒克逊人的头盔

■武士盔甲

宫廷

25

沙皇彼得三世死于叶卡捷琳娜之手吗？

雄才大略的彼得大帝1725年驾崩后，俄国就陷入了长期动荡中。1762年，沙皇彼得三世的王后叶卡捷琳娜发动宫廷政变，推翻了他的统治。7月彼得三世在狱中突然死去。彼得三世因何而死？他的死与叶卡捷琳娜是否有关呢？

彼得从小生活在德国，他非常崇拜普鲁士军事制度与德国文化，却对自己的祖国毫无兴趣。他甚至认为俄国是个令他厌烦的国家，他不愿意治理这种国家。1761年伊丽莎白女皇逝世，彼得继位。由于国内政局长期动荡，人们都希望彼得三世可以整顿一下国家。然而刚刚上台的彼得三世却经常以自己的喜好对俄国现行制度和法令乱加改动，他推动的一些政策损害了教会与贵族的利益，令他们十分不满。尤其是在对外政策上，彼得三世的所作所为让政界和军界非常反感。

叶卡捷琳娜原名索菲亚·奥古斯特，出生于德国什未青一个贫穷的家庭。当她知道了自己成了彼得未婚妻后非常激动，她当即和母亲一起，不远万里来到俄国首府彼得堡。为了做个称职的皇后，她努力学习俄语，还改信了东正教，不久她就能用标准的俄语虔诚地朗诵东正教的誓言，在场的大主教和教徒们听后十分感动，并流下泪来。1745年8月，彼得正式娶叶卡捷琳娜为妻。但是婚后，叶卡捷琳娜才发现彼得是个好色之徒，他甚至把情妇领到家中。而同时伊丽莎白也对她这个异邦女子有所怀疑，并派人监视她，年轻的叶卡捷琳娜暗暗地记着这些仇恨，并未做过多的反抗。她一面刻苦读书学习如何治国，一面在政界和军队中扶植拉拢亲信，并将情夫们都安排到重要部门，

彼得三世像

以为她夺权作准备。

1762年6月24日彼得三世离开彼得堡去奥拉宁堡发动对丹麦的进攻，叶卡捷琳娜被留在彼得堡。7月9日凌晨5时，叶卡捷琳娜发动政变，控制了首都局势，成为女皇。彼得三世要求与女皇平分政权，但遭到了断然地拒绝。他只好宣布退位，最后的条件就是女皇能归还他的情人、小提琴和一只猴子，以便他能度过后半生。7月18日，叶卡捷琳娜在枢密院正式登基，史称叶卡捷琳娜二世。就在叶卡捷琳娜就任皇位的同一天，彼得三世暴死在了狱中。

俄国古老的封建宫廷中始终存在着阴险欺诈与不择手段的争斗，专制独裁与宫廷政变经常一起发生，彼得三世正是这种独裁政治的牺牲品。但彼得三世因何而死？一种说法称他是被人毒死的，当时法国外交部档案记载：一些人按照俄国风俗吻彼得三世的遗体以示告别，这些人的嘴唇后来却奇怪地肿了起来，还有种说法称彼得三世是在酒后与人打骂被人失手打死的。第三种说法则是为除后患，女皇派人勒死了彼得三世。彼得三世的真正死因是什么？叶卡捷琳娜又在其中做了什么手脚呢？这一切都不得而知了。

■ 彼得三世家庭肖像

在这幅温馨和睦的肖像画背后，是已遭玷污的婚姻和深藏杀机的权力之争。

■ 莫斯科孤儿院的允建批文

这枚由叶卡捷琳娜赐予的双头鹰印章，可使孤儿免付学费。

宫廷

宫廷

世界历史未解之谜

伊丽莎白女王为何终身未嫁？

伊丽莎白25岁登基为王，以其美貌、学识和至尊地位引得欧洲大陆无数王公贵胄尽折腰，争相向她邀宠求婚。然而她却终身未嫁，这究竟是怎么回事呢？

伊丽莎白虽然独身终生，但她也曾利用自己的婚姻大事作为资本，于欧洲各大国之间周旋。第一次是在她登基不久，当时国际社会迟迟未承认她作为英格兰女王的合法身份。法兰西人更在为结束西班牙与法兰西之间战争而举行的卡托—堪布里齐谈判中公然向伊丽莎白发难，提出了谁是英格兰王位合法继承人的问题。

伊丽莎白非常明白法兰西人的险恶用意，她不动声色地在暗中打起腓力二世这张牌来。在一段时间内，她对腓力二世的求婚既不回绝又不应允，使腓力二世对联姻怀有希望，然后借助西班牙在国际事务中的影响力，敦促其他国家认可伊丽莎白作为英格兰女王的合法身份。求婚之事因此就拖了几个月。直到伊丽莎白了解到英格兰特使已在卡托—堪布里齐和约上签字，说明国际社会已承认了她作为英格兰女王的合法身份后，她才一改几个月以来的模糊态度，明确告诉西班牙使节，她不能与西班牙国王腓力二世联姻，原因是双方宗教信仰不一样。

此后，伊丽莎白多次将自己的婚姻用作进行外交的一种工具。众多王公贵胄向伊丽莎白求婚时她都没有答应，她或许根本不打算结婚，然而她严密地隐藏自己的想法，她从不向各国王侯贵胄关上求婚的大门，而是欲言又止，一直让他们对联姻之事怀有希望。

不想结婚的伊丽莎白也喜欢与男人交往，在宫廷之中，就有不少她喜爱的庞臣，达德利勋爵是其中最令她心仪的人。高大强健的达德利是贵族之后诺森伯兰公爵的公子，他英俊潇洒，一表人才。伊丽莎白对他十分宠爱，在1564年竟加封他为莱斯特伯爵。实际上，伊丽莎白早就有与他结婚、永为伴侣的打算。可是有一件事情令她最终放弃了

■ 罗伯特·达德利像
首任莱斯特伯爵，自1560年以后一直是女王伴侣强有力的候选人。女王拒绝了他，但依然对他宠爱有加，直到达德利于1588年去世。

■ 16岁时的伊丽莎白
谁能料到漂亮迷人的女王竟会终身未嫁！

■老年的女王

这幅画像是为庆祝1588年英国战胜西班牙无敌舰队而绘的。此时女王已近垂暮，但她的画像永远是年轻美丽的。

此念。那就是，莱斯特伯爵在成为女王宠臣之前已是有妻室之人。而且很凑巧，莱斯特之妻罗布莎特有一天突然命丧九泉，因此有好事者传说，罗布莎特是其丈夫为与女王成婚而故意谋杀致死的。不管此事是否属实，终究是人言可畏，女王深恐与莱斯特结婚会引来非议，有损君王尊严，终于未能结成连理。

1578年，法兰西国王亨利二世之弟、年轻的阿朗松公爵亲自登门向伊丽莎白求婚，但这场求婚却成了一场马拉松，直到5年之后，即1583年，50岁的伊丽莎白才明确宣布拒绝了他的求婚。

阿朗松成为最后一位求婚者。此后伊丽莎白便没有提过婚嫁之事，其中奥秘如何，那恐怕就是一个无法解释的谜了。

■西班牙国王腓力二世像

宫廷

宫廷

世界历史未解之谜

俄国女皇叶卡捷琳娜二世是怎样登上王位的？

沙皇俄国在其长期的君主统治中出现了一位赫赫有名的类似中国的女皇武则天式的女沙皇——叶卡捷琳娜二世。那么叶卡捷琳娜二世是怎样登上皇帝的宝座呢？众说纷纭，有人说是继承，有人说是通过发动宫廷政变，那么她又是怎样发动宫廷政变的？这还得从她成为王室成员开始说起。

叶卡捷琳娜是俄皇彼得三世的妻子，她在为俄皇室完成传宗接代任务后，地位岌岌可危，丈夫彼得早已对其厌倦，人们早已将其忘记，她只是苦苦忍受耻辱和孤寂。

叶卡捷琳娜这位不同凡响的女人绝不可能心甘情愿做一名忠实的妻子和殉难者。她一方面靠追逐声色犬马的生活来满足自己已被激起的肉欲；另一方面，她在卧薪尝胆，耐心地等待着能使她成为女皇的机会。伊丽莎白通过没有流血的政变登上皇位就是她面前最好的例子。她将要在政坛上小试锋芒了。

叶卡捷琳娜为了达到目的，开始培植私党。她把禁卫军军官格里戈利·奥尔洛夫列为首选对象，奥尔洛夫的4个兄弟阿列克谢、费多尔、伊凡和弗拉基米尔都是禁卫军军官。叶卡捷琳娜如愿如偿，奥尔洛夫成了他的情夫。这既满足了她野马般的欲望，又为未来的宫廷政变提供了很好的机会。

彼得大公也并不是吃素的，他对叶卡捷琳娜的阴谋早有所闻，他也在积极行动。这个骨子里流着普鲁士的血液的昏庸之君，早就打算与他的情妇伊丽莎白·沃沦佐娃结婚而把叶卡捷琳娜甩掉。

■ 爱骑马的叶卡捷琳娜

■沙什科——塞罗庄皇家避暑胜地

1762年，荒淫暴戾的伊丽莎白终于死去。根据遗诏，彼得做了皇帝。新登基的彼得三世注定是俄罗斯的克星，他把俄国推到灾难的边缘。而他的登基，也将为他的妻子叶卡捷琳娜带来灭顶之灾。

彼得决定把叶卡捷琳娜幽禁在舒吕塞尔堡要塞，并且以他凶残乖戾的性格，他下一步就要动手杀妻子。

彼得三世好像也预感到有某种阴谋正针对他而来。他将叶卡捷琳娜的党徒之一帕塞克逮捕了。叶卡捷琳娜明白只有先下手，否则就只能做阶下囚甚至是命归黄泉。事不宜迟，1762年，在奥尔洛夫兄弟的支持下，叶卡捷琳娜发动宫廷政变。士兵们穿着俄罗斯的传统军服，簇拥在新女皇叶卡捷琳娜周围并且冲上前吻她的手、她的脚和她的衣服的下摆。女皇置身于欢乐的喧嚣中。所有的俄国人好像都很兴奋，他们高呼着"叶卡捷琳娜！我们的母亲叶卡捷琳娜"，宫廷显贵、各国公使、神父争先恐后地欢迎他们的新女皇。

软弱无能的彼得三世被迫退位，接着又被软禁起来。在给叶卡捷琳娜的信中他这样写道："请陛下对我放心，我既不会想，也不会去做反对您本人和您的统治的事。"

虽然彼得对她已不构成威胁，但叶卡捷琳娜并不愿轻易放过曾给她耻辱的彼得，彼得不久就遭谋杀。叶卡捷琳娜的诏示说彼得死于剧烈绞痛，实际情况并非如此，彼得死时全身发黑，向遗体告别而吻他嘴唇的人自己的嘴都肿了。可见，叶卡捷琳娜对其十分怨恨，可能不管彼得对叶卡捷琳娜怎样，她都要当上女皇，但彼得对其确实起了极大的刺激作用。

■格里高利·波将金像
他是女皇的宠臣和心腹，为女皇登上王位出力良多。

宫廷

31

世界历史未解之谜

政界
Political Circles

古罗马政治家苏拉退隐之谜

谁不想拥有最高的权力,谁不想处万人之上,君临天下?然而,古代罗马著名的政治家、军事家苏拉在夺得最高权力以后却又自愿放弃。他的突然引退,一直是千百年来人们感兴趣的问题。

苏拉公元前138年出生于古罗马的一个破落贵族家庭,他自幼喜爱文艺,善于交际。30岁之后,他时来运转,经济状况大为好转,战争中机缘巧合使其成为民族英雄,50岁时,他在元老院的支持下当选为执政官,后又经过与马略的两次斗争,终于建立了他的独裁统治。苏拉为了终身掌握国家的最高权力,不惜践踏民主传统,强奸民意,威慑元老院,最后终于取得终身独裁官职位,集军政财权于一身。苏拉为了确保自己的终身独裁统治,进行了种种"宪政改革"。他取消了民众大会的否决权,削减了保民官的权限,把自己的大量亲信安插在元老院。

可是,令人不解的是,苏拉在取得终身独裁统治权的第三年突然宣布辞职,最后竟以一个普通公民的身份到他

■苏拉头像

的一座海滨别墅隐居。他曾经为争夺最高权力赴汤蹈火，甚至不惜以道德的堕落、国家的灾难和人民的生命为代价，而现在，正当他的权势如日中天的时候，他却自愿放弃了这种最高权力，这是为什么呢？

至于引退的原因，苏拉本人没有说。据说，当他决定放弃他的权力时，曾在广场上发表过一次演说。他在演说中提出，如果有人质问他的话，他愿意说明辞职的原因，可是，在那种情况下，绝不会有人敢冒着生命的危险去质问他。辞职以后，一个青年曾当面辱骂他，苏拉竟然默默忍受了这个青年的辱骂，但他说过这样一句话："这个青年将使以后任何一个掌握这个权力的人都不会放弃它了。"

■古罗马元老院议员浮雕

由于苏拉本人并没有说明引退的原因，人们纷纷猜测。有人说他在三年独裁统治后还政于民是明智之举；有人说他是由于改革无望而急流勇退；有人说是他在满足权力欲望后厌倦战争、厌倦权力、厌倦罗马而向往田园生活；更有人认为是他患了严重的皮肤病，无法亲理朝政而无可奈何地放弃了政权。

虽然说人生的价值在于过程而不在于结果，虽然说要只问耕耘，不问收获，但苏拉由一个权力狂一下子转变为笑观花开花落的隐士，这其中的滋味只有他自己才能体会了。

■蒂沃利的圆形神庙

政界

政界

世界历史未解之谜

华盛顿死因难明

美国第一任总统华盛顿在完成了历史赋予他的使命之后，于1798年初冬，悄悄回到了自己离别16年的家乡——弗农山庄。66岁的他准备在这里安度自己的晚年，一年以后，死神却奇迹般地夺去了他的生命。而对他的死因，至今没有一个确切的说法，两个世纪以来一直困扰着史学家们。

1799年12月12日，天空阴沉沉的，好像要有一场大雪。对于这天的天气，华盛顿早有预见。但他仍旧骑上马开始巡视，他是上午10点钟出去的，下午3点钟才回来。

第二天早晨，他感到嗓子痛，不能再出去巡视了。下午，他的嗓子开始嘶哑。到了晚上，嗓子哑得更加严重。但到了夜里，他冷得全身发抖，呼吸不畅，凌晨两三点钟，他叫醒了夫人，但又怕她着凉，没让她起床。清晨，女仆进来生火，才把利尔先生叫来。此时华盛顿已呼吸困难，话也说不清了。他让人去把克雷克大夫请来，同时，在医生没来之前，让罗森斯给他放血。

大约4点30分，他让夫人在写字台中取出他早就写好的两份遗嘱。他看了一下两份遗嘱后，让夫人把其中一份遗嘱烧掉，另一份保留，放到她的密室里。夫人从密室回来后，华盛顿握着妻子的手，说："这场病可能马上让我离开这个世界，如果真是这样，你要清理一下账目，把款项结清，另外你还要把我那些关于军事的书信文件仔细整理一下。"

大约5点钟，克雷克大夫

拉什莫尔山雕像

作为美国的开国之父，华盛顿与他最杰出的三位后继者，被作为美国民主精神的象征雕刻在山坡上。

■ 白宫

■ 乔治·华盛顿塑像

来到房间里。

华盛顿说:"医生,我现在很痛苦,从一得病我就知道死神这次是不会放过我的。不过,死对我来说并不可怕。"

华盛顿又说:"谢谢你们的照顾,不用替我操心,我很快就要去了。"

他接着又躺了下来,大家也都走出了房间,只留克雷克大夫一人照看。

晚上,又采取了其他的治疗方法,但都收效甚微,这次医生让他服什么药他就服什么药了,利尔先生后来在书中叙述道:

"大约10点钟,他几次都要说话,但都无法说出。最后,他终于说了一句话:'我快不行了。我死后的三天再下葬,葬礼要尽量简单。'我这时已难过得说不出话,只好向他鞠了一躬,表示同意。但他没有理解我的鞠躬,说:'我的意思你明白吗?'我说:'明白了。'他说:'那我就放心了。'

"在他去世前大约10分钟,他的呼吸通畅了很多。他变得很安详。他还伸手,摸自己的脉。忽然他的脸色变了,我连忙叫克雷克大夫,坐在火边的大夫急忙到了病床边,但一切都结束了:华盛顿的手从腕部垂了下来,停止了呼吸。克雷克大夫蒙着脸哭了起来。华盛顿就这样没有叹息、没有挣扎地离开了我们。"

华盛顿的死因却一直没有被查实,他得的是什么病、医生为他诊断的结果是什么、给他吃的药对病情有没有作用、药名等都无人知道,而他生前为自己准备两份遗嘱的目的是什么?是不是其中另有隐情?

■ 华盛顿与家人在一起

■ 自由钟

政界

政界

世界历史未解之谜

■ 克里姆林宫近景

列宁是被毒死的吗？

■ 列宁于1924年1月21日与世长辞

伟大的革命导师列宁一生光明磊落，坦坦荡荡地做人，然而，他的死却充满了神秘的色彩，成为一个难解之谜。

列宁在临死之前，暗中口述了《给代表大会的信》，这一文件将作为"列宁的遗嘱"载入史册，因为他提出的条件是这封信应当在他死后举行的那次代表大会上宣读。在这封信里，他评价了自己所有的亲密战友，并且指出了每个人的相当重大的缺点。斯大林是列宁最后说到的一位。领袖把斯大林同托洛茨基放在一起进行了评价："分裂的危险，一大半是由他们之间的关系造成的，而这种分裂是可以避免的……把中央委员人数增加……就可以避免分裂……斯大林同志当了总书记，掌握了无限的权力，他能不能永远十分谨慎地使用这一权力，我没有把握。另一方面，托洛茨基同志……大概是现在的中央委员会中最有才能的人，但他又过分自信，过分热衷于事情的纯粹行政方面。"

列宁弥留之际，布哈林在列宁床边。布哈林回忆道："我跑进伊里奇的房间，伊里奇已快咽气。他的脸向后仰，脸色苍白，呼呼地喘气，手悬在半空。"季诺维也夫在文中这么写道："伊里奇死了，一小时后我们乘车去看已不在人世的伊里奇，有布哈林、托姆斯基、加里宁、斯大林、加米涅夫和我。"斯大林就这样把布哈林弄到莫斯科去了。托洛茨基后来也说，正是斯大林下毒害死了列宁。而从以上材料中也可以看出，似乎这一说法证据确凿。

然而有人却不这样看，维·什克洛夫斯基教授从名医什克洛夫斯基的遗物中找到了本来应该已被销毁的奥西波夫医生和多布罗加耶夫医生的诊断书。奥西波夫医生是列宁的一个主治医师，多布罗加耶夫医生是言语矫正专家，曾帮助列宁恢复语言能力。这份诊断书中这样写道："最终诊断否定了列宁的病是由梅毒引起或他是被砒霜毒死的说法。原因是动脉粥样硬化和脑血管受损。列宁的父母也死于此病。"

列宁究竟是被毒死还是病死的呢？这位伟人如何走完他最后的人生旅程？这一切吸引着人们在领悟这位伟人的思想的同时思索着这个未解之谜。

■斯大林像

■狱中的托洛茨基

■位于红场左侧的列宁墓

政界

政界

世界历史未解之谜

希特勒性别之谜

法西斯头子希特勒一生臭名昭著,然而,正因为其臭名远扬,才让人对他更加感兴趣,甚至对于他的性别问题人们也产生了怀疑。

一位研究者写道:"从生理上看,希特勒不是一个仪表堂堂的男子汉,当然更不是理想观念中柏拉图式的伟大军事领袖和新德意志的缔造者。他的身高不及国人的平均高度,臀部宽大而双肩窄小,肌肉松弛且双腿短小,一副

1942年的希特勒与爱娃

纺锤造型。沉重的长筒皮靴和宽大的长裤遮盖着他的臀部。他躯干宽大，但胸脯凹陷，人们说他的军服下填塞着棉花遮掩这一缺陷。"

曾在希特勒身边工作了3年的女秘书说希特勒在其情妇面前就像是慈父一般。他喜欢年轻貌美的女性不完全是由于性欲。他喜欢与女人调情，但他又考虑调情的后果。他不喜欢别人接触他的身体，甚至连医生的检查他都拒绝。一位西班牙外交官的回忆录中讲述希特勒曾向一位名叫玛杰达的女人透露：他之所以对许多女性在身体上的奉献嗤之以鼻，是因为第一次世界大战中一颗枪弹击中了他的生殖器，造成他性生活的障碍。而一些医学家倾向于认为希特勒是梅毒病患者，他的睾丸被他的私人医生切除了，倘若没有梅毒病使希特勒丧失了性欲这一原因的话，是很难解释清楚希特勒拒绝那么多美貌女性的奉献的原因的。

■希特勒与德国妇女在一起

希特勒是德国妇女崇拜的偶像，他本人也喜欢与女人调情，但其行为中的种种反常表现，使人一直怀疑他的性别。

20世纪80年代，东德历史学家召集了一个会议，韦丹堡的历史学家史丹普佛宣布他获得了一份材料，证实希特勒并非一个十足的男子，而是一位女性。这份秘密材料是由希特勒过去的副手也就是战犯赫斯的一位友人提供的。在赫斯留下的日记中有许多关于希特勒的个人秘密，如他的出生时身体有严重缺憾，后来隐瞒了他的真正性别，一直当作男孩子养大。1916年他在第一次世界大战中受伤，军医发现他的生理构造类似女性，但希特勒冒充男性过活。因此他不得不经常服用雄性荷尔蒙，并且采用种种隐瞒的办法。所以他命令人把他的家庭日记、健康记录和军旅生活记载全部销毁。这些个人秘密，只有赫斯、希特勒的情妇爱娃·布朗、他的私人医生以及几个贴身仆人知晓。

金庸小说中的东方不败为求一统江湖而变得不男不女，最终落得一个悲惨的下场，这与力求统一全世界的战争狂人希特勒似乎有些相通之处，这一切只是为对二战感兴趣的人提供了一个新的话题。

■德国军人展示希特勒相集

政界

政界

世界历史未解之谜

希特勒选用卍作党徽有何用意？

希特勒采用了红地、白心、黑卍字来作为纳粹党的党旗，作为法西斯主义的象征，这是出于什么用意呢？

他在《我的奋斗》中这样解释说："任何党都应该有一面党旗，用它来象征庄严和伟大……黑、白、红3色的旧帝国的国旗……不适合作为我党的象征，因为所代表的德国，可能在以后会受尽耻辱，要被马克思主义所击败，而我党却是要消灭马克思主义的。所以我们不应该沿用旧的德国国旗……但是，在我的理想中，我们的党旗也应保存旧国旗中的黑、白、红三色。我做了很多试验，终于决定我党的党旗最后的形式是红地之中的一个白圆，圆中再画上一个黑色的卍字……"不久，它也成

■ 党徽

■《我的奋斗》
这是一本极力宣扬种族主义的理论和建立大帝国梦想的著作。盒面上雕刻的"ss"标记是希特勒的私人卫队——党卫队的徽标。

■ 希特勒走上纳粹德国的最高统治宝座

了维持秩序的军队的臂带的图案。

从以上这些话，可以清楚地看到他既把卐当作反马克思主义的标志，又把它当作争取纳粹主义胜利的斗争使命的象征。但为何选用卐字来作为纳粹主义的象征，希特勒并没有明确解释其原因。西方学者对此作过许多推测。有的认为，当希特勒在维也纳流浪时，看到反犹政党的党徽是用卐字来做标志的；也有的认为，德国的反犹的一些右翼组织是用卐字作标志的。其实，当希特勒还很小的时候，就对卐字有着深刻的印象了。美国学者罗伯特·佩恩在其所著的《希特勒传》中对此有过一段描述。

希特勒全家于1897年迁到林茨和萨尔斯堡之间的兰巴赫镇居住。那里有许多古老的教堂，其中有一座建于11世纪的东正派大修道院，希特勒进了这所修道院的学校，立刻被这里的一切迷住了。在修道院的过道上、天井上、修道士的座位上及院长外套的袖子上他都能见到一个卐字标志。希特勒就在附近的拐角处居住，他每天都能透过他住房的窗口看见卐字。

卐字是一个带钩的十字。修道院院长西奥利多赫·冯·汉根视它为自己名字的双关语。希特勒非常崇拜院长显赫的权势，所以将卐看成是院长的象征。他后来回忆说："我屡次因教堂里的庄严、豪华的庆典欣喜若狂。我崇拜修道院院长，把他看成是我最渴望、最崇高的理想，这就像我的父亲把乡下的神父看作是他的理想一样，我认为这是很自然的。"

罗伯特·佩恩认为，冯·汉根院长的标志图很可能就成为日后希特勒的卐字的原型。

但这种种猜测都是人们在研究希特勒这一特殊的历史人物时所做的假想，究竟希特勒采用卐作为纳粹党标志有何用意，里边是否藏有什么奥秘，目前还无人得知。

■ 德国巴伐利亚州维斯教堂内景

据说希特勒钟爱"卐"字与教会有莫大干系，人类的伟大信仰之一如何与纳粹主义联系在一起了？

■ 纳粹寓意画

狂热的希特勒只记得像头顶上的鹰一样觊觎这个世界。

政界

政界

世界历史未解之谜

斯大林之子
在纳粹集中营中死亡之谜

令苏联人万分意外的是，1941年6月22日，20个月以前还在与他们共享瓜分波兰的喜悦的昔日朋友希特勒，会在这一天下令向苏联全线发动战争突袭。在几乎没有准备的情况下，苏联全线溃败，主要的工业、农业区相继被德军占领。

更富戏剧性的事发生在战争开始20多天的时候。在苏联第14坦克师被击溃后，斯大林之子中尉军官雅科夫·朱加什维利成了德军的俘虏。

但苏联毕竟不是法国，有着广阔的土地、雄厚的工业基础和英勇的军队。随着德国多线作战，苏联逐步掌握了战争主动权，在斯大林格勒战役中的德军将领保卢斯失利被迫向苏军投降。希特勒传信给斯大林，希望苏方释放保卢斯将军，作为交换条件，德国方面愿意释放已关押了半年多的斯大林的儿子雅科夫·朱加什维利。苏军统帅斯大林没有因此动摇，他让中立国的红十字会转告希特勒："我不喜欢用一名将军交换一名士兵。"这就是战争期间的价

■ **工作中的斯大林**

这位后来在人们头脑中留下残暴印象的政治家，在儿子被俘之后的表现，让人们同时领略了他作为政治家的大公无私和作为父亲的舐犊之情。

■ **斯大林格勒巷战场面**

值观，由此苏联人民更加敬佩斯大林，为他毫不自私、一心为苏联人民着想深深感动。但这对于雅科夫无疑是当头一棒。

果然雅科夫得到这条消息后极其失望，他在饥饿的俘房中间目睹了濒临死亡的人们那种绝望的神情，斯大林所说的"没有战俘只有叛徒"的话也使他无脸回到故土去。

弃过生的努力。由于雅科夫死前没有什么遗言留下，他是自杀还是他杀可能将永远成为一个谜。

■集中营里的屠杀

■血洗卡廷村

■集中营里骨瘦如柴的俘房

当听说斯大林不愿"用一名将军交换一名士兵"的消息后，雅科夫在精神上遭受重创。但是雅科夫却不知道，斯大林没有一刻不在为营救他而努力，他特别下令，责成有关方面进行过两次营救行动，但都以失败告终。

雅科夫被关押的集中营里还有许多英国军官。但是英俄两国的军人们关系并不是很好。他们互相指责对方与德军看守的关系，互相鄙视。雅科夫看到同盟军之间也是经常恶语相向，情绪低落到了极点。而这时，已到1943年4月。有一天，一名看守将有关苏军在苏联境内的卡廷森林屠杀成千上万的波兰军民的报道拿给雅科夫看，雅科夫脑中关于正义与非正义的观念彻底崩溃，这次，他更加失望了。

终于他在同一名英国人发狠打了一架后，突然飞奔而去，这位炮兵中尉疯狂地向电网奔去。当时，哨兵朝扑向电网的雅科夫开了枪。但有些历史学家认为，当时雅科夫已经在电网上自杀了，因为最高统帅的儿子落于敌人之手的羞愧、永远也无法获救的绝望、斯大林屠杀波兰军民这一切让他被钉在了耻辱柱上，他成了众人的敌人。在这种情况下，他别无他途，只有自杀。但这一点值得商榷，因为雅科夫在集中营已经待了两年，而且在斯大林屠杀波兰军民的前后，曾和他的几位波兰难友两次策划过越狱。这一切又表明雅科夫直到死前从未放

■英苏结盟漫画
希特勒的侵略使英国与苏联成为盟友。

世界历史未解之谜 政界

女间谍川岛芳子有没有被枪决？

二战时期的女间谍川岛芳子在日本可谓是闻名遐迩，在中国可谓是臭名昭著，在中国抗日战争胜利后，这位风流女间谍的去向如何呢？她到底有没有被枪决呢？

日本在1945年8月15日投降之后，全国人民要求对汉奸进行严惩，几名手持短枪的国民党政府宪兵于10月10日在北京把川岛芳子逮捕了，他们把手铐戴到了她的手腕上，给她头上蒙上黑布，暂时在一个军队司令部的仓库内关押。两个月后先在北新桥的前日本陆军监狱内关押，后又被转移到远郊姚家井河北第一监狱的女监第3号牢房，这是国民党的模范监狱，关押的主要是大汉奸。

1948年3月25日早晨6点40分，她在第一监狱西南角的场地上被秘密枪决。她在行刑前给狱长和其养父等人写了

■ 川岛芳子像

■ 肃亲王善耆像
川岛芳子的父亲，他灌输给川岛芳子复辟清朝的顽固思想。

■旅顺火车站，川岛在此实现她那昙花一现的"复辟大业"。

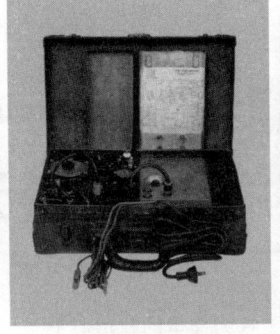
■川岛芳子曾用这部发报机将大量情报给了日本人。

■金条
据说川岛芳子生死之谜与此有莫大干系。

遗书，并曾请求穿上黑上衣、白绸裤子，但没有被批准。在行刑前各报记者被通知可以采访，但在执行死刑时，除了一位美籍美联社记者外，其他中国新闻记者全部被挡在了门外。事后女尸被停放在第一监狱后门的自强路上，直到7时半监狱方面才引导记者对此女尸进行参观。尸体脚朝北，头朝南，身着灰色囚衣，里面穿红色毛衣、蓝色毛裤，子弹从后脑射入，又从鼻梁射出，头发披散，满脸血污，根本无法分辨面目。

但对于监狱方面的出尔反尔各报记者极其不满，不断质问司法部门。对于记者们的质问法院也无可奈何，最终不了了之。但是，对川岛芳子的枪决真相却众说纷纭，闹得满城风雨。传闻最多的是一个名叫刘风玲的女犯以10根金条的代价做了川岛芳子死刑替身。

日本一位研究川岛芳子的专家、东京大学渡边龙策教授还就川岛芳子之死提出一连串质疑：最为关键的行刑场面为何会被搞得这样神秘？为什么会违背惯例，把新闻记者都赶出现场呢？被处决者的脸部为何被弄了那么多的泥土和血污，以致无法辨认人的面目？为何单单选择看不清人的面孔的时间行刑？渡边龙策教授还提到：川岛芳子的哥哥金宪立说川岛芳子已经去了蒙古，之后北上苏联；还有人说川岛芳子已到美国去了。

川岛芳子的来历本来就是一个谜，而到最后，她的死也成了一个谜，看来，这位风流女间谍真可谓做到了"来无影，去无踪"。

■枪决战犯
1947年6月11日，日军战犯松本洁服刑时，行刑士兵在其后脑开枪的一刹那。而战犯川岛芳子是否被处以同样惩罚，一直是个未解之谜。

政界

政界

世界历史未解之谜

苏联——政治家基洛夫死因莫测

充满了温馨甜蜜的爱情与充满了权力斗争的政治似乎是风马牛不相及的事情,然而,这二者却总是发生某种微妙的关系,原苏联政治新星基洛夫被刺一案就是如此。

■手握镰刀斧头的苏联男女雕像

1934年12月1日,联共(布)中央政治局委员、列宁格勒州委第一书记基洛夫去找州委第二书记丘多夫了解关于取消列宁格勒实行的面包配给制的问题所做的准备工作进度情况。这个时候,基洛夫的警卫却违反了警卫工作守则,走在距离基洛夫很远的地方。当基洛夫伸手去开门时,一个潜伏在走廊已久的刺客向他射出了子弹。

基洛夫被誉为刚刚升起的政治新星,在党内的地位简直可以同斯大林平起平坐了,为什么他会如此神秘地陨落了呢?基洛夫为何会如此轻易地被谋杀?有没有其他的人在幕后指使?到了今天,人们尽管已揭露了许多真相,印证了许多事实,但还是有许多不被人所知的谜有待解开。

说法一是基洛夫死于情杀;说法二是情杀的背后隐藏着一场政治阴谋。总之,似乎都与一个"情"字有关。

许多当事人在回忆这起震撼整个苏联的"基洛夫案"时,谁都没有提到基洛夫有可能死于情杀。但却有大量的事实被揭露,是关于凶手尼古拉耶夫如何杀害基洛夫的内幕。亚历山大·奥尔洛夫将军曾经是一位苏联内务部官员,做了如下的记述:

"在党内地位愈发举足轻重的基洛夫,逐渐成了斯大林的绊脚石,而且他从不对斯大林唯唯诺诺。但在1934年的那时候,斯大林还没有足够的权力随意处置一位政治局委员。更何况随着基洛夫的威望越来越高,他的地位也越来越重要,要想定他的罪并不是一件容易的事,唯一的办法就是除掉他,并把这个弥天大罪加在原反对派领袖的头上,继而一箭双雕,一面

46

高喊着'血债血还'的口号,一面大刀阔斧地除掉所有对领袖具有威胁的人。"

而且几乎所有当事人、知情人都非常肯定,"基洛夫案"是有着幕后策划的政治阴谋。常言道:"若要人不知,除非己莫为。"据有关人士透露,早在1934年夏,基洛夫在哈萨克斯坦出差时,就有人企图杀害他。距基洛夫被害的1个月前,一位在内部工作的高级官员忧心忡忡并好像有先见之明地对他的朋友说:"一场可怕的暗杀活动正在列宁格勒酝酿着。"

■斯大林在基洛夫的葬礼上

如果说基洛夫遇害前的种种迹象已向世人表明,这时一场蓄谋已久的政治阴谋,那么在案发后案件的见证人纷纷"失踪",就更让人坚信这是一场政治的阴谋。

当然,在这个问题上,也有不同意这是一场政治阴谋的说法。基里琳娜就断言,关于斯大林参与谋杀基洛夫的说法是没有根据的,因为从来就没有发现过任何证据,无论间接的还是直接的。

"爱情与阴谋"这出戏在基洛夫案里上演完了,留给观众——后来者的印象是什么呢?

■基洛夫去世　　　　　　　　　　■基洛夫像

政界

斯大林是死于谋杀吗？

谁都不会忘记20世纪的那场反法西斯战争，在欧洲战场上，当法、英在希特勒的进攻下纷纷溃败的时候，是苏联人的火炮击碎德国人的坦克。斯大林的一声怒吼，使世界又看到了一位巨人。然而20多年后，这位巨人——苏联人的核心却死得不明不白，关于他的死因，至今仍是一个谜。

斯大林的生活以神秘开始，又以神秘告终。

1977年，斯大林逝世的周年纪念日里，雷宾找到了几个在斯大林逝世时近郊别墅工作过的卫队的工作人员。雷宾说记录下了他们的叙述作为证词。

"2月28日夜里，政治局委员们在克里姆林宫中看

■ 斯大林漫画像

这个战胜过纳粹的元帅身上的制服掩盖了他的专制和绑架和平的企图。这位半英雄半暴君的人物的死也充满了神秘色彩。

■ 宣传斯大林的海报

完电影后，就驱车前往别墅。到斯大林别墅去的有赫鲁晓夫、贝利亚、马林科夫和布尔加宁。他们在别墅一直呆到清晨4点钟。当时在斯大林处值班的是高级工作人员斯塔罗斯京和他的助手图可夫。别墅值班的是警卫长奥尔洛夫的助手帕维尔·洛兹加乔夫……

"客人走了以后，斯大林就躺下睡觉了。此后他就再也没有走出自己的房间。"

除了这些以外，雷宾还单独记录了斯塔罗斯京、图可夫和洛兹加乔夫的证词。斯塔罗斯京："从19点钟起，我们开始为斯大林房间中的寂静感到不安……在没有召唤的情况下，我们两个（即斯塔罗斯京和图可夫）都不敢擅自进入斯大林的房间。"

于是，他们叫洛兹加乔夫进去看。帕维尔·洛兹加乔夫就成了第一个看见斯大林躺在桌旁地板上的人。洛兹加乔夫说，当把客人送走后，警卫员伊万·瓦西里耶维奇·赫鲁斯塔廖夫传达了"当家的"命令，让大家都去睡觉。洛兹加乔夫还是第一次听说"当家的"说这种话。

斯大林就这样在他自己造成的恐怖气氛和官样文章的环境下死去了。也许，人们永远也不会知道，那天夜里在"当家的"那几间关着的房里究竟发生了什么事情，但不外乎有两种可能：

或者是"当家的"真的让大家都去睡觉，而夜里他中了风；或者是……

或者是赫鲁斯塔廖夫被某人给收买了，受到某人的指使，让服务人员都去睡觉，为的是让某个人们不清楚的人物或者自己可以与"当家的"单独在一起。然而，收买赫鲁斯塔廖夫的又是谁呢？

是赫鲁斯塔廖夫自己潜入了斯大林的房间还是另有其人？抑或他们在"当家的"喝过酒后昏昏入睡的情况下给他打了针而引起了中风？是否"当家的"在感到不适之后仍然醒了过来，并挣扎着试图呼救？是否针剂起了作用，使他只能勉强走到桌旁？如果事情真的是这样，那他们理所当然可以去睡觉了。

后来，直到赫鲁晓夫时期，一直有这样一种传说流传着："当家的"并不像正式公告所宣布的那样死在克里姆林宫里，他是在近郊别墅去世的。

这不过也是传说而已，在找到确凿证据之前，斯大林的死因仍不能定论。

■ 斯大林去世

斯大林的去世在国际社会引起动荡，共产主义运动陷入低潮，图为点缀着鲜花的法国《人道报》的报道。

■ 赫鲁晓夫像

政界

格瓦拉为何在古巴胜利后远走他乡?

在中国,范蠡在吴越战争胜利后携西施隐居的故事被传为佳话,谁又能想到,有"红色思想家"之称的古巴革命领导人切·格瓦拉在异国也上演了同样的一幕,只是不知他身边有没有美女相伴。

古巴革命胜利以后,他先后被新政府委任以土地改革全国委员会工业部主任、国家银行行长和工业部长等重要领导职务。在任期间,他多次代表古巴政府和统一革命组织全国领导委员访问亚非拉各国,出席各种国际会议。他在国内外均享有盛誉。

■切·格瓦拉像

然而,在1965年4月以后,格瓦拉退出了公众生活,而后就秘密出走了。当年,人们对他的出走感到迷惑不解,如今,对他出走的原因进行了长期探讨的学者们仍然众说纷纭,莫衷一是。尽管如此,对于格瓦拉出走的原因不外乎下述4种看法。

首先,格瓦拉在经济建设和思想建设路线上与古巴其他领导人存在着严重的分歧。新政府成立后,格瓦拉强烈要求实行严格的中央集权路线,要缔造"社会主义的新人"。可是有的人主张不要过度集中,

■格瓦拉在古巴工厂里

应该给国有企业一定的自主权。卡斯特罗的观点却十分矛盾,他有时赞成精神鼓励,有时赞成物质刺激。

第二,格瓦拉对他主管的工业改革的失败感到极度失望,因而出走。

第三,有些学者认为,追使他出走的因素是苏联对格瓦拉政策的反对。苏联在几个方面都不同意格瓦拉的政策。一是不同意格瓦拉在古巴国内推行反对物质刺激的政策,因为当时苏联赫鲁晓夫正在推行这样的政策;二是赫鲁晓夫对格瓦拉倾向中国的政策非常不满。

第四,与第三种意见紧密相关,格瓦拉对于在拉丁美洲直接开展革命战争更感兴趣。格瓦拉的这一思想,是经过长期考虑的。而且,格瓦拉的出走有明确的目的,他是怀着视死如归的决心出走的。他在临走之前写给母亲的告别信中作了如下表述:"我相信武装斗争是各族人民争取解放的唯一途径,而且我是始终不渝地坚持这一信念的。许多人会称我是冒险家,只不过是另一种类型的,是一个为宣扬真理而不惜捐躯的冒险家。也许结局就是这样。我并不寻找这结局,但是,这是势所难免的。如果是这样的话,我在此最后一次拥抱你们。"

在激流勇进还是功成身退之间,格瓦拉做出了自己的选择,至于做出这样选择的原因就只有他自己知道了。

■**格瓦拉向古巴辞行**
卡斯特罗在大会上宣读格瓦拉的辞行信。格瓦拉的出走原因,至今仍众说纷纭。是由于改革失败的刺激,还是对革命斗争生活的渴望,或是其他?

■**切·格瓦拉之死**
1967年10月10日,玻利维亚政府当局正察看格瓦拉的尸体。这位为了自己的纯真理想革命了一生的英雄此刻终于安息了。

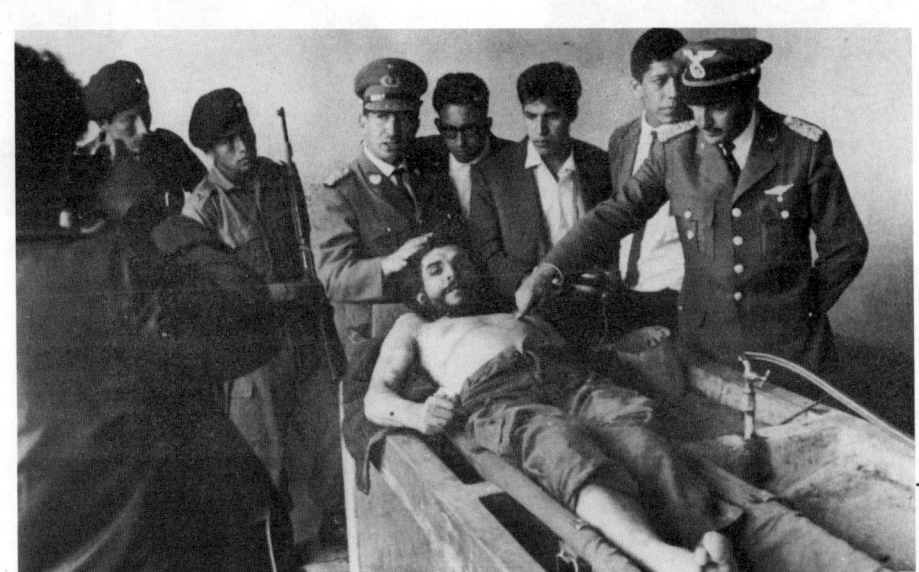

政界

政界

世界历史未解之谜

刚果总理卢蒙巴是被比利时人杀害的吗？

帕特里斯·埃梅里·卢蒙巴是著名的刚果民族英雄，刚果共和国首任总理。1960年9月，刚果陆军参谋长蒙博托发动军事政变。10月10日，刚果国民军和联合国军以"保护"为名，将卢蒙巴软禁在总理官邸。

1961年1月17日晚，卢蒙巴、奥基托和莫大波洛三个人，偷偷地被带到伊利莎白维尔郊外一所孤零零的别墅里，加丹加宪兵里三层外三层将别墅围个严严实实。这一夜，三人又受尽了非人的折磨。加丹加宪兵不让他们吃饭，不让他们喝水，还轮换着使用各种方法对三人进行侮辱、殴打。

随后不久即传出卢蒙巴的死讯，但到底是谁杀害了

■卢蒙巴像

■约瑟夫·莱博托像　　■政变中的刚果示威者

■非洲脆弱的种植经济
对于欧洲人来说，非洲是为他们提供原材料的最佳地点。

52

卢蒙巴呢？为什么要杀害卢蒙巴总理呢？这在40年后的今天才找到答案。

比利时社会学家卢多·德维特，在他的著作《杀害卢蒙巴》中证明了这位前刚果领导人的预感，最终推翻了在这以前布鲁塞尔一直宣称的原因：就是卢蒙巴被害应归结在"黑人政客"之间的算账行为的论点。对于他们——比利时的政府、军队和警察在杀害卢蒙巴这一事件中所扮演的角色，《杀害卢蒙巴》一书言之凿凿。至此，比利时名为路易·米歇尔的现任副首相兼外交大臣，也只好同意成立一个议会调查委员会，宣称一定要还总统一个清白。比利时外交部的文件资料详细地记载着卢蒙巴被害"是比利时政府做出的，并且，比利时的军官和外交官员以及一些拥护比利时的刚果人共同执行的"。在德维特看到的材料中，有比利时前非洲事务大臣哈罗德、达斯普勒蒙、兰当在1960年10月5日发给比利时驻布拉柴维尔领事馆的一份电报，兰当指出："为了刚果、加丹加和比利时的利益，一定要除掉卢蒙巴。"

■卢蒙巴的追悼会

为什么比利时领导人如此仇恨卢蒙巴，以至于要策划和组织杀害卢蒙巴呢？首先，他们痛恨卢蒙巴使刚果军队实现非洲化，加快比利时人离开刚果的进程。其次，他们认为自己的利益受到了威胁，原因是卢蒙巴在冷战时期竟敢利用苏联援助，为了捍卫本国领土完整，反对加丹加分裂出去，这就损害了自私自利的比利时工商业者的利益，还有他们和一些政治盟友们的计划。比利时的工商业者及其政治盟友为继续控制富裕的加丹加省，曾企图将其分裂出去。1960年6月15日，为了让加丹加这个相当于半个比利时大的地区，痛快地从刚果分离出去，比利时议会修改了关于刚果结构的基本法，许多比利时"顾问"曾帮助夺取这些不当权力。所以，为除掉卢蒙巴，达到自己的目的，这是最痛快的手段。

对于卢蒙巴怎么死的，当时众说纷纭，莫衷一是。有的说被枪杀；也有的说是被扔在硫酸桶里活活烧死的；另外一些人说他是被活埋的。总之，卢蒙巴是如何死的谁也没有拿出确凿的证据，仍是个未解之谜，相信终有一天，真相会大白于天下。

■刚果地理位置图

政界

政界

世界历史未解之谜

■《I HAVE A DREAM》(《我有一个梦想》)
马丁·路德·金在林肯纪念堂前发表《我有一个梦想》的演讲时向人群挥手致意。

谁谋杀了马丁·路德·金？

以《我有一个梦想》的演讲闻名全世界的诺贝尔和平奖获得者马丁·路德·金也许不知道，他真正的"dream(梦想)"应该是让人们查出他被刺杀的真相。马丁·路德·金在1968年4月4日傍晚，在田纳西州孟菲斯市洛兰停车场旅馆遇刺身亡。警方查出凶手的真实姓名是詹姆斯·厄尔·雷，他是个抢劫惯犯，曾被判入狱20年，1967年4月成功越狱。他于1968年4月4日早晨住进贝西太太的出租公寓，傍晚开枪把马丁·路德·金打死了。对自己的犯罪事实，厄尔·雷供认不讳，他被判入狱99年，可

■马丁·路德·金的葬礼

54

是他在审判后不久就反悔了，坚持说自己是冤枉的，并要求对此案进行重新审理。

使人不解的是厄尔·雷在1967年的成功越狱。厄尔·雷是一个令人觉得好笑的三流窃贼，他在打劫杂货店后驾车逃跑被甩出车外，偷打字机时将存折丢下，两次越狱都没有成功。这样一个傻瓜，1967年为何能成功越狱，并一下子过上富有而体面的生活，甚至四处旅游，挥金如土？

因而，人们怀疑联邦调查局参与了此案，联邦调查局早在50年代就对马丁·路德·金在的行动有所注意，1964年还制定了"消灭金小姐"计划。在记者招待会上，联邦调查局局长胡佛甚至指责马丁·路德·金是全国最大的骗子，胡佛还在马丁·路德·金荣获诺贝尔和平奖之后，派人给他送恐吓信，要他"小心谨慎以谢国人"。

2001年1月，即马丁·路德·金被害35年后，一名美国佛罗里达的牧师向《纽约时报》记者透露，杀害马丁·路德·金的直接罪魁就是他的父亲。这位牧师61岁，名叫威尔逊。他对记者说："我父亲亨利是一个三人小组的头，而1968年枪杀马丁·路德·金的正是这个小组。"威尔逊指出，虽然亨利并非种族主义者，但他觉得共产主义与马丁·路德·金有联系，因此必须杀掉马丁·路德·金。威尔逊说他父亲已经去世10多年了，但他父亲在世时曾反复强调，把马丁·路德·金杀掉是每一个热爱美国的人应该做的事，"为了整个国家的前途"，这样做完全是责任所在。

然而直到现在，马丁·路德·金之死还是一个谜，也许他的这篇演讲应该改为"we have a dream"了，那就是希望这件历史悬案的真相大白于天下。

■凶手詹姆斯·厄尔·雷

■马丁·路德·金被刺现场
凶手已经被抓到，但事实似乎并没有那么简单，真正的凶手或幕后指挥者又是谁呢？

政界

世界历史未解之谜

■肯尼迪遇刺的惊险一幕

肯尼迪遇刺之谜

美国总统的宝座似乎背负上了"所罗门的诅咒",因为在这个位子上的人遇刺的概率远大于别人,解放黑人奴隶的林肯如此,多年后,约翰·肯尼迪又处在了这个恶毒的诅咒之中。

1963年11月22日,美国总统约翰·肯尼迪乘坐他的轿车在得克萨斯州拉斯市埃尔姆大街上行驶时,突然传来一阵枪声,肯尼迪与陪同他的康纳利州州长同时被子弹击中。这位美国人颇为崇拜的总统倒在血泊中。

经过缜密调查,美国官方认定刺杀总统的唯一凶手名叫李·哈维奥斯瓦尔德。肯尼迪遇刺后的第三天,在警察局,奥斯瓦尔德被一个名叫杰克·鲁比的夜总会老板枪杀。

对肯尼迪遇刺案的背景,大家说法不尽相同。美国官方认定此案是由于对权力的仇视所引起,并据此推断出几种原因:其一,凶手是由苏联克格勃所指使的。理由是此前凶手奥斯瓦尔德在苏联生活过3年,曾娶苏联妇女为妻,加入苏联国籍。其二,古巴当局有可能插手此事。理由是亲卡斯特罗派组织与奥斯瓦尔德关系密切。也有人说奥斯瓦尔德是美国联邦调查局的情报人员,是反对肯尼迪对古政策的古巴右翼分子和联邦调查局中的激进分子所采取的行动。

■肯尼迪像

事隔30年后,有关肯尼迪遇刺案的著作由包括知情人在内的研究人员相继推出。其中,曾经抢救奥斯瓦尔德的肯尼迪的外科大夫查尔斯·克伦肖披露的事件真相,极受人们关注。克伦肖坚信:"总统并不是被奥斯瓦尔德在楼房顶上被射中,而是被迎面射来的枪弹击中,凶手另有其人。"但是,经多年调查研究后,弹道专家霍华德·多纳荷指出,肯尼迪是被他的保镖误伤的。多纳荷认为,总统身后的保镖威廉·希基在刺杀事件的一瞬间,因轿车突然起动,手指碰触到扳机,导致步枪走火击中总统后脑。

林肯的遇刺本来就是美国历史上的一个难解之谜,前谜未解,后谜又至,杀死肯尼迪的凶手究竟是谁?事情的真相如何?美国总统之谜又添加了一位新的成员。

■杀害肯尼迪的物证

政界

拉登财富之谜······一

拉登 1957 年出生在沙特的一个豪门之家,他的家庭一直保持着经商的传统。40 年代末,居住在也门的拉登的祖父奥克巴迁往沙特阿拉伯。拉登的父亲穆罕默德·本·拉登,白手起家,经过多年奋斗,终于有了数百万家产。在创业期间,他也与政界相联合,与费萨尔国王建立起特殊关系,当然也能凭此不断致富,而且为家族争取了该国的公共设施与房屋建筑业,王宫、清真寺、王室别墅等建设都是可以迅速发财致富的大工程,本·拉登的家族成为沙特百大豪门之一。

■ 美钞和硬币(上下两图)
拉登恐怖活动的背后,是其巨额财富作为支撑。他的财产到底有多少呢?

■ 本·拉登漫画像

1980年6月，27岁的本·拉登凭他那巨额财富在伊斯坦布尔的郊区设立了他的总部。他在这里对志愿者进行收容、组织，并承诺把他们送到阿富汗。可以说，提起拉登便咬牙切齿的美国人，当时曾把拉登当作亲密的朋友。拉登就是在土耳其这段时间里积聚了巨额财富。

拉登堪称出色的企业家，他经营的分公司遍于伊朗和巴基斯坦和海湾国家，他在日内瓦、苏黎世、法兰克福和伦敦等金融市场也有账户。他的先进的电子设备和武器弹药是通过一个错综复杂的银行网在瑞典、法国和德国购买的。同时，拉登也拥有先进的网络信息系统，办事效率也极高。1982年底拉登从伊斯坦布尔来到巴基斯坦，在白沙瓦建立了"支持者之家"，还在阿富汗边境的柏克蒂亚建立了16个游击队训练营地，训练他的恐怖分子。

后来，拉登在阿富汗创办了一个工程公司，并且利用它建立了隐蔽的场所，挖隧道、筑路等，为以后的高明的藏身术打下基础。1989年10月，苏联从阿富汗撤军期间，拉登离开了阿富汗。回国不久，政府就因他"支持恐怖组织"而取消了他的沙特国籍。1992年他以投资者的身份来到苏丹。1993年，"拉登控股公司"签订了8500万美元的巨额合同，就是承建苏丹喀土穆——尚迪——阿特巴拉之间的干道公路。同时他们还承建苏丹首都商业中心的三座大楼。本·拉登很善于经营，他还联合亲执政党的两个金融家创办了苏丹北方银行。这个银行至今在苏丹仍然是实力最强的。

这以后，本·拉登旅游欧洲各地，伦敦和瑞士是他最常去的地方，他在那里的众多投资都需要他去照看。仅在伦敦，拉登的财产估计已在5000万美元之上。拉登在全球拥有那么多公司和子公司，还有一个线面宽广的金融系统和网络系统，他到底有多少财富？这还是一个谜。

■现任美国总统小布什

■飞机撞向世贸大楼的全过程

世界历史未解之谜
政事
Political Events

君士坦丁为何将基督教立为国教？

　　名列世界三大宗教之首的基督教，其发展之初也曾受到来自社会各界势力的重重抵斥。尤其是在信奉多神宗教的罗马。直到公元 313 年罗马皇帝君士坦丁颁布米兰敕令，在罗马帝国内施行自由的宗教信仰，基督教才初次取得与其他宗教相同的权利。一直到君士坦丁统治后期，基督教虽然没有取得合法地位，但实际上已经是罗马国教了。直到公元 4 世纪末，狄奥多西原厄斯一世开始排斥异教信仰时，基督教才正式确立为罗马国教。

　　罗马皇帝何以如此摒弃传统虔诚之至地皈依基督呢？

　　长久以来有一个故事在不断激励基督教徒。公元 337 年，君士坦丁辞别人世后不久，塞沙里亚主教优西比乌在《君士坦丁传》中收录了此事。据说君士坦丁在公元 312 年 10 月某一天带领部队直逼罗马城，想从劲敌马克桑蒂亚斯手中把罗马夺取过来。这时君士坦丁在夕阳照射的天空看见一个巨大的十字架，一侧写有一行字句："凭这个标记可以取得胜利"。就是那一天夜晚，基督显现在君士坦丁梦中，

■君士坦丁头像
这位为基督教做出了巨大贡献的皇帝真的见到了上帝神秘的启示吗？

嘱咐他举着绣上基督标记的军旗进攻，否则，将不能取胜。君士坦丁立即命令匠人用纯金打造旗标，上面用宝石连缀成一个代表基督名字的图案，表明他将对基督效忠；根据一些记述，兵士的盾牌上也漆上了一个十字架。于是，君士坦丁的部队，在台伯河密尔维安桥上取得了胜利；马克桑蒂亚斯淹死在台伯河里。君士坦丁得胜后，挺进罗马，自此成为一个坚定不移的基督徒。

■早期的罗马基督教教堂

优西比乌说那件事是皇帝亲口告诉他的，君士坦丁还对天发誓说此话千真万确，更说不但是他自己，就连在他身边的士兵也非常清楚地看到了出现在天空中的耀眼的十字架。但后世的人对这一记载，有一些怀疑：第一，为什么这项如此惊人的天象启示在皇帝死之前要秘而不宣，直到他死后才让别人知道呢？第二，一夜之间，如何能制成一面镶嵌宝石的精致旗标呢，更何况几乎一造好就被带到战场上去了（尽管优西比乌或是君士坦丁本人，没有清楚明确地说出基督显灵的时间和地点）？还有，既然君士坦丁如此神奇而迅速地皈依基督教，为何要等到去世那年才接受洗礼而成为一名基督教徒呢？

当然，优西比乌记述的故事在各方面不一定都翔实可靠。但是有一点是不容置疑的：一定有什么极为罕见的事情发生在那位皇帝进军罗马城前夕。有些学者认为，君士坦丁看到的幻象可能是由气象学家所说的日晕现象引起，大气层上层的冰晶体在太阳光的照射下，便形成地上人所看到的光环。这些光环在非常偶然的情况下相互连锁，就形成了某些观察者所看到的十字架形状。或许这可以对那天黄昏的幻象进行解释，但之后出现的梦境就不一定能解释了。无论怎样，从此，罗马帝国军队在他有生之年，一直在绣有君士坦丁基督标记的军旗下行军。他在这个旗标下所向披靡，战无不胜。

基督教战前显灵，助君士坦丁一臂之力，最终得以修成正果。故事娓娓道来，似真有其事，但无论怎样，这也只是传闻而已。气象学家理论联系实际的阐释，有始却未能善终。

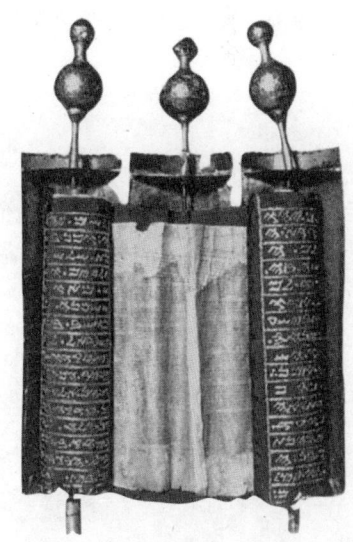
■《圣经》经卷

政事

61

罗马帝国覆亡之谜

公元410年，哥特人首领阿拉里克率领日耳曼蛮族大军攻占了有"永恒之城"之称的罗马城，西罗马帝国逐步走向灭亡。但这次事件，并不是西罗马帝国灭亡的真正原因。那么西罗马帝国覆亡的原因何在呢？

在公元410年攻克罗马城以前许久，哥特人就在逐渐慢慢地沿用罗马人的风俗习惯，而在边远地区居住的罗马人，几百年来，也不断接受蛮族文化的影响，同时日耳曼民族雇佣的罗马士兵也日渐增多，他们对罗马当然不是忠于职守。

因此，阿拉里克于公元410年攻克罗马，并非对罗马帝国致命的打击。不过，因为那是罗马帝国800年来第一次被打败，心理上的伤害，很难估量，也许比破坏建筑物更加不能挽回。这个原因使人们更加容易理解，为什么阿拉里克攻克永恒之城，在历史上一直被看作是罗马帝国灭亡的象征；而汪达尔王盖塞里克于公元454年攻陷罗马时

■加德塘三层引水渠
跨越法国南部嘉顿河深谷，这座既实用又壮观的水渠是罗马工程最精湛的功绩。

■ 古罗马酒壶

烧杀抢掠更甚的事实，反而不算什么。

最近掌握的证据，对解释罗马因何在公元 5 世纪为哥特人不费吹灰之力一举攻克，也许帮助很大。1969～

■ 用船装酒运往罗马的浮雕
罗马人喜爱纵酒狂欢世所闻名，但他们的溃败真是因为铅中毒引起的吗？

1976 年，在英国南部赛伦塞斯特展开的挖掘工作，在一座公元 4 世纪末 5 世纪初的罗马人的墓群里，找到了 450 具骸骨，多数骨头中的含铅量，是正常人 80 倍之多，儿童骸骨则更加厉害。这些人可能死于铅中毒，虽然未能证明这一点。

罗马人对他们的优良供水系统引以为傲，通常都以铅管输送饮用水。罗马人用铅杯喝水，用铅锅煮食，甚至用氧化铅代替糖调酒。吃下如此多的铅，一定会全身无力，吃下大量的铅还有另一个恶果，就是丧失生育能力。后期的罗马皇帝经常鼓励夫妻生育更多子女，可能是为预防人口减少，虽然并无精确详细的人口消长数字证实有这种现象。即使吸收微量的铅，对生殖能力也有影响，所以罗马人很可能因为喝了含铅的酒和水而致死及致使帝国覆亡。

但这种看法并没有充分的依据，只是根据少量考古资料提出的猜测，这种假设还有待更多资料加以证实。

铅中毒也不可能是罗马城于公元 5 世纪被攻陷的唯一原因。如果是这样，东罗马帝国为什么能在西罗马被灭亡后，继续存在 1000 年呢？当然，东罗马帝国仍然能存在，原因很多：边疆不长，较容易抵御，可避免外族入侵；同时，东罗马帝国国内治安维持较好。但一件事情也值得人们关注，就是东罗马帝国境内的铅矿较西罗马少得多，所以当地居民只得凑合使用自认为较低劣的瓦锅和陶杯。罗马帝国灭亡的真正原因在哪里？也许还有更多的秘密有待探寻，还有更多的谜团有待解开，人们期待着罗马帝国覆亡的原因早日真相大白。

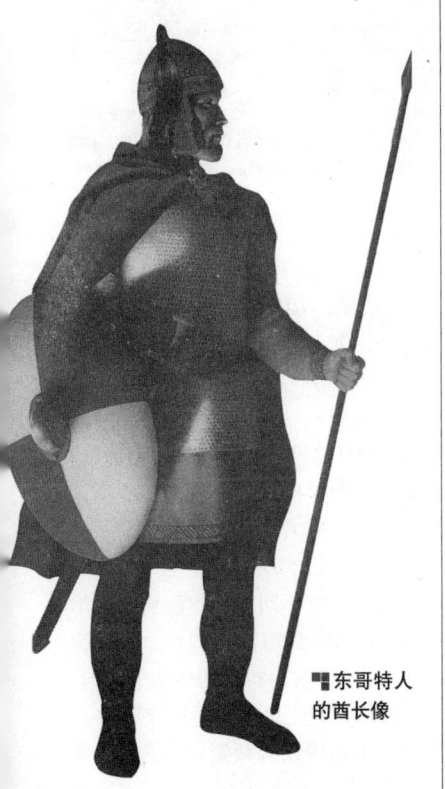

■ 东哥特人的酋长像

政事

世界历史未解之谜

古代日本人到唐朝"留学"仅是为了学习吗？

■日本日吉大社西本宫 本殿

■唐太宗像

今天，"出国留学"已成为国人谈论的一个热门话题，而距今1000多年前，"大唐朝"却常常要迎接大批的来自周边各国的"留学"人员，尤其是地理位置优越的日本使节和商人。

公元618年，唐朝取代隋朝。日本人凭借地理位置优势，络绎不绝地前往唐朝，天皇政府正式派出的"遣唐使"数目也大大增加，达到了空前频繁的程度。唐太宗李世民在公元630年刚刚即位那一年，以犬上御田秋为首的日本第一次遣唐使到达长安。从此，日本连续不断地派遣遣唐使。从公元630～894年的200余年间，日本政府共向唐朝派出19次遣唐使，其中有两次受阻而未成行，有1次是为了迎接前次遣唐使回国，有3次为护送唐朝使节回国，所以，实际算来日本正式委派并到达唐朝的遣唐使应为13次。即使这样，也可看出日本遣唐使的频繁，那么，日本为什么要向唐朝派遣这些人员呢？

中国古代经济文化在唐朝发展到了空前鼎盛时期，南洋、中亚、波斯、印度、拜占廷、阿拉伯各地大小国家纷纷派遣使节和商人前往唐朝学习唐朝的先进文化，经营中国的丝绸、瓷器及各种工艺产品。

相比之下更有地理优势和进取精神的日本人更不会落后，为了学习中国的治国经验和文化制度，天皇政府才派大批使臣、学者到中国参观学习，在日本史书上遣唐使又称"西海使"或"入唐使"。遣唐使团初期规模较小，通常每次仅有一两艘航船，每艘航船大约载120人左右，后来使团的规模逐渐扩大，每次使用4艘航船，团员多达500余人。因为遣唐使团通常都是4艘航船一起拔锚起航，又一起扬帆归来，所以日本的文学作品往往把遣唐使称为"四舶"。遣唐使团由政府使官、学习访问人员和航海工作人员组成。

日本政府对派遣遣唐使极为重视。所有使团人员均由精挑细选而出，凡入选使团者一概予以晋级，并赏赐衣物。政府还对留学生给予优厚待遇，一般的船员免除徭役，使团官员予以一定程度的资助，希望他们学有成就，回国效力。在使团起航前夕，要举行隆重的"拜朝"典礼谒拜天皇，天皇向正副使节赐予"使节刀"，接下来举行饯别宴会，甚至有时会专门准备唐朝筵席。

日本遣唐使极大地促进了中日之间的经济文化交流，但当时经济文化主要是唐朝流向日本。唐朝的工艺美术、生产技术、文史哲学、天文数学、建筑学、医药学、衣冠器物、典章制度等都陆续传到了日本，近几年来还曾在日本发现数万枚"开元通宝"。日本受中国文化影响很深，至今，日本民俗风情和生活习惯中仍然保留着浓厚的中国古代文化痕迹。

值得注意的是，日本遣唐使到中国的目的仅仅是为经济文化交流和"学习"吗？日本对中国的野心由来已久，有人认为日本对中国窥探就是从遣唐使时开始的；还有人认为遣唐使与元、明时期的倭寇有联系，因为当时限于本国实力和惧怕唐朝国力而由"寇"转为"使"，冠冕堂皇地出入中国，也许这些人是无中生有，也许确有依据。

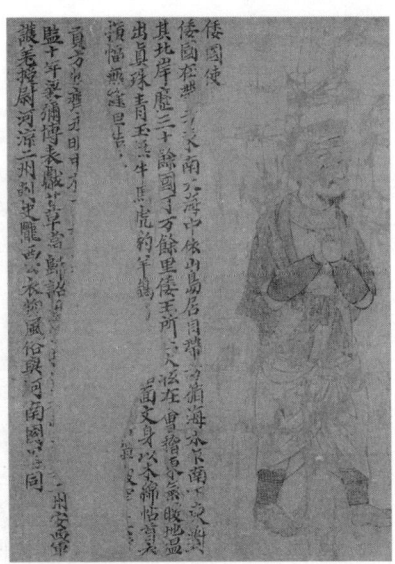

■唐朝倭国使者像

在日本使者谦逊好学的背后，是否隐藏着更深的目的呢？

■日本东照宫的唐门

■和同开珎

这枚银币铸造于日本奈良王朝元年。此银币形制和重量与唐开元通宝完全相同，足见唐朝文化对日本的巨大影响。

政事

世界历史未解之谜

法国圣女
贞德从火刑台上逃走了吗？

法国历史上著名的民族女英雄贞德于15世纪被教会以"女巫"和"异端信徒"的罪名处以火刑。1431年5月的一个早上，贞德被烧死在卢昂一个公众广场上，这个形体纤小、被宣判为异端信徒和女巫的少女在一万多人的注视之下，很快被熊熊烈焰吞噬。很多围观者都听到她高喊耶稣的名字以及那些激励她率领义军把英军逐出法国的圣徒名字。烈火烧了很长时间，她仍旧没有断气，最后她在低吟一声"耶稣"后，便辞别了人世。围观者亲眼看到行刑者扒开火堆后，一具烧焦的尸体露出来。行刑者向周围观者展示贞德烧焦的尸体之后，又一次点燃烈火，将尸体烧成灰烬，之后把这些灰烬撒入塞纳河。不过，当时观看行刑的人，此后曾说起焚烧贞德尸体那时的神奇景象，一名英国士兵说他亲眼看到在贞德的灵魂离开肉身时，一只白色鸽子从火堆里缓缓向高空飞去，嘴里还有着动听的鸣叫声。一些人说看到火焰中有"耶稣"的字样出现，那分明是贞德灵魂没有散去。不久，有传说说贞德的肠脏和心没有给烧掉，仍然保持完整。又过了不久，又有人说贞德仍然活在人间，火焰根本没有伤及她。不过在很长一段时期内，一个传闻言之凿凿，大多人都很相信这一说法：贞德并没有被烧死在火刑台上，那被烧死在火刑台上的，并不是贞德本人。

贞德的两个兄弟就抓住了法国人乐于相信这位女英雄仍活在世间的心理，从中牟利，精心布置了一个令人心寒的骗局，并因贞德的声望而尽享富裕生活。在贞德死后5年，即1436年，两人又一次渲染了贞德仍在人间的传闻。兄弟俩人带着一个披甲策马的年轻女子突然在奥尔良的街头出现。他们宣称此女子就是贞德，被施以火刑的不是贞德，而是另一个女子顶替的。实际上，那披上盔甲的女子名叫安梅丝，是个女骗子。在假冒贞德之前，她曾在意大利教皇的军队中服过役，有过一段军旅生涯，当时，她的

■贞德像

■百年战争中的激烈海战 油画

娴熟的马术和威武的外形,深受群众喜爱,使见到她的人理所当然地相信她就是贞德。法国人既然失去了民族英雄,这也属人之常情。

对贞德两位兄弟的说法,奥尔良市民深信不疑;甚至把自贞德牺牲后一直为她举行的纪念仪式也废止了。贞德的两兄弟以及女骗子的骗局最初是无往不利,处处得逞。在奥尔良及其他法国城市广受尊敬,并享尽美酒盛筵,但好景不长,他们的骗局在4年后终于被揭穿了。安梅丝于1440年在巴黎原原本本供认出由她参与的骗局。不过,假冒贞德的事件已产生了深远影响;虽然关于贞德在卢昂一个公众广场逃出的谣传,已被确认为无稽之谈,但是部分法国人仍旧相信这种说法,这种传闻以后又在法国民间流传了数百年之久。

后来,法国国王查理七世在15世纪中叶基本完成了统一大业。贞德的两名兄弟及其母亲为洗脱贞德的罪名而积极奔走,最后终于使贞德的名声得到了恢复。但尽管如此,贞德到底有没有死的问题仍没有确切的答案,四五百年后的今天,人们已无从知晓贞德的命运到底是怎样的了。

■贞德率领她的人马觐见国王

67

政事

世界历史未解之谜

列宁下令枪杀了尼古拉二世吗？

作为皇帝，沙皇尼古拉二世可谓是"生不逢时"，他成了俄国的末代沙皇，而且最后还惨遭枪杀，那么到底是谁下令枪杀了沙皇尼古拉二世呢？

革命胜利后，尼古拉二世及其全家被新成立的彼得格勒苏维埃和俄临时政府下令幽闭在彼得格勒郊外的皇村宫中。8月，临时政府将其全家弄到很远的额尔齐斯河畔的托博尔斯克。沙皇一家一直待到十月革命胜利。1918年4月，苏维埃政权派全权代表到托博尔斯克，接受任务，随后沙皇一家又被转移到乌拉尔山脉东侧的叶卡捷琳堡。他们4月26日出发，30日才到达叶卡捷琳堡，尼古拉二世的儿子阿列克塞因生病的缘故直到5月20日才去叶卡捷琳堡。

1918年5月，苏维埃政权正准备把捷克军团遣返回去，谁知途中捷克军团与白卫分子勾结发动叛乱，从伏尔加河流域以西西伯利亚的大片土地被占领。叶卡捷琳堡也被围攻，在押的末代沙皇，几乎要被劫走。一切都处

■ 尼古拉二世像

■ 冬宫前的广场及凯旋门

于紧急时刻。为防止不良后果的产生，7月16日深夜，尼古拉二世被乌拉尔州肃反委员会委员雅·米·尤罗夫斯基率领的行刑人员处决了。同末代沙皇一起死亡的共11人，这11具尸体被尤罗夫斯基连夜弄到郊外的树林中焚毁。7月25日，叶卡捷琳堡被叛军如期攻陷。

这种未经法庭审判就枪杀沙皇全家的所作所为遭到许多人的非议，何况他的儿子和仆人也被枪杀，殃及无辜，让人不得不产生疑问，谁会将沙皇全家枪杀呢？

许多苏联的书，包括权威性极高的大百科全书均有记载：白军已攻围了叶卡捷琳堡，危在旦夕，为使尼古拉二世不被劫走，只有将他们就地正法，乌拉尔州的苏维埃政权于是就下命令枪杀了沙皇及其全家。

可是也有人对此表示出巨大的疑问。乌拉尔州苏维埃真有枪杀俄国皇帝尼古拉二世的权力吗？这可是关系重大的事情。瑞士人皮埃尔·日里亚尔从1906年开始就担任俄国宫廷的法语教师，从尼古拉二世被关押就一直待在沙皇左右，到皇子阿历克塞离开托博尔斯克为止。在叶卡捷琳堡攻陷后，他也非常关注沙皇安危，主动参加白卫当局的调查工作。1921年日里亚尔写了《尼古拉二世及其一家的悲惨命运》。他的观点是，全俄中央执行委员会主席斯维尔德洛夫亲自下达枪杀沙皇一家的命令是乌拉尔地方苏维埃做出的。由于日里亚尔是内幕的参与者，因此其说法颇有说服力。

后来，更有人指出，尼古拉二世地位和身份非同一般。下令处决他命令的不是斯维尔德洛夫，而是列宁。此观点在西方国家极为流行。1991年3月，美国哈佛大学理查德派斯普教授在莫斯科举行的"列宁与20世纪"的国际学术讨论会上就宣称，列宁下令枪杀了尼古拉二世。

西方国家是否出于攻击列宁的目的而提出这种说法呢？这一点只有他们自己最清楚了。而末代沙皇的死，仍是一个未解之谜。

■尼古拉二世一家的遗骨
20世纪90年代，尼古拉二世及其家人的遗骨被发现并运往莫斯科。

■沙皇尼古拉二世一家

希特勒血洗冲锋队之谜

杀人狂希特勒草菅无辜并不奇怪,但是1936年6月30日凌晨,曾为混世魔王希特勒上台执政立下汗马功劳的冲锋队在一串机关枪的猛烈扫射之后随即在"世间蒸发",遭受到了同样的噩运。以参谋长罗姆为首的冲锋队对希特勒来说不可不算是自己人。那么对自己人为何还要下此毒手?对此研究者们进行了不少考察,大致归纳出以下一些原因:

其一,冲锋队已经完成了它的历史使命。所以,无论用什么途径,冲锋队必然会从历史舞台上退出去。

其二,希特勒与罗姆之间存在着相当大的矛盾,既可以说是患难之交,但两人同时又有很大分歧。

罗姆在希特勒上台后,不仅加紧发展冲锋队,而且叫嚷着进行"二次革命",建立真正的"民族社会主义"国家。他的这些企图使纳粹政权无法容忍,希特勒便考虑着如何把冲锋队解决掉。

其三,冲锋队与党卫队的斗争。于1925年成立的党卫队,即黑衫党,原是冲锋队的下级组织,作为希特勒铁杆卫队的党卫队,在冲锋队膨胀的同时亦迅速发展壮大。在争权取宠的竞争中这两支政治力量必然会发生矛盾冲突,特别从1929年希姆莱担任党卫队全国首领后,双方的矛盾更为激化。

其四,冲锋队不被国防军所容。德国军队在一战后受到限制,在冲锋队成立之初陆军方面出于使德国武装起来的目的,对冲锋队采取的是扶持态度,把它作为后备军。但随着罗姆想要取代国防军的意图的日益暴露,军界意识到其特权受到了威

德国纳粹标志

胁。部长勃洛姆堡强烈要求希特勒对冲锋队给予一定的限制,把冲锋队排斥在武装部队之外,只把国防军作为"武器的惟一持有者"。希特勒在决定如何取舍二者的过程中,按理说应较为偏袒他的发迹资本冲锋队,但这样做有两大棘手的问题:一是若保留庞大的冲锋队,他将很难向欧洲各国作出恰当解释,他的外交将因此而陷入难堪境地;二是如果把国防军得罪了,继承危在旦夕的兴登堡的总统职位的野心就难以达到。所以,经再三权衡希特勒最后决

■希特勒检阅冲锋队

定让冲锋队牺牲掉。事实上在血洗冲锋队之前,希特勒已得到了军界将支持他继任总统的承诺。

于是希特勒便以冲锋队阴谋"二次革命"为借口,顺水推舟地将除掉惹是生非的冲锋队和取悦资产阶级这两个目的在政治清洗中"毕其功于一役"。毫无疑问,上述四点都是事件背后的原因,但最后真正促使希特勒下定决心、付诸行动的又是由何事直接引发的呢?火药桶之导火索何在?由何人直接引爆?历史学家们还在孜孜不倦以求之。

■冲锋队员像

政事

政事

世界历史未解之谜

二战时的《苏德互不侵犯条约》附有秘密议定书吗？

英国《曼彻斯特卫报》于1946年5月30日登了这样一则让人震惊的新闻：1939年《苏德互不侵犯条约》附有一项秘密议定书，而且对其内容予以了披露。

不少西方学者推测1939年《苏德条约》附有秘密议定书。例如英国著名学者阿诺德·托因比等人编的《大战前夕，1939年》一书载有《苏德互不侵犯条约》的秘密议定书的主要条款。法国当代著名史学家让·巴蒂斯特·迪罗塞尔在其《外交史》中断言：《苏德条约》存在着无可争议的秘密议定书。原纳粹德国上将蒂佩尔斯基在其《第二次世界大战史》一书中叙述了关于希特勒将部分波兰领土划给苏联、对与苏联接壤的东欧小国不表示兴趣的问题，他实际上谈到了西方国家公布的《苏德条约》的秘密议定书的一些内容。英国学者艾伯特·西顿在其《苏德战争，1941～1945年》一书也有《苏德条约》附有一份草率拟就、措辞模棱两可的秘密议定书的叙述。美国学者威廉·夏伊勒在其名著《第三帝国的兴亡——纳粹德国史》中还对《苏德条约》的秘密附属议定书的主要内容予以列举。奥地利的布劳恩塔尔也对《苏德条约》附有秘密议定书的说法持肯定态度。

中国一些学者近年来也认可《苏德条约》附有秘密议定书；有些学者还在书中介绍了西方国家公布的《苏德条约》的秘密议定书的内容。

但是，有关《苏德条约》的秘密附属议定书在苏联的出版物中至今尚未见到。1948年2月，苏联情报局在题为《揭破历史捏造者（历史事实考证）》的文件中对英、美单方面公布德国外交

■签定条约

1939年8月莫斯科，斯大林（左二）与德国外长冯·里宾特洛甫（右四）在条约签定仪式上。

72

文件予以反对。收入《苏联对外政策文件汇编》第四卷的苏德互不侵犯条约中没有涉及秘密附属议定书的条款。阿赫塔姆江等人的《苏联军事百科全书》在谈到《苏德条约》时对秘密议定书没有提及。鲍爵姆金领导编写的《外交史》第三卷和维戈兹基等人编著的《外交史》第三卷也只字未提秘密附属议定书。萨姆索诺夫主编的《苏联简史》也持同样说法。曾参与1940年苏德谈判的别列日柯夫在其回忆录中不仅没有提《苏德条约》附有秘密议定书,而且认为:"对1939年苏德条约问题,虚假报道堆积如山。"德波林主编的《第二次世界大战史》引用了1939年8月24日苏联《消息报》所发表的《苏德条约》的条款,不但对秘密附属议定书一点儿也没提到,而且批评说:"资产阶级世界有人陷于伪造的泥潭而不能自拔,继续就条约和苏联的目的撒谎。"

中国学术界在有关苏联对《苏德条约》的秘密议定书的问题上有两种不同的说法:一种是认为苏联并未否认其存在;另一种是认为苏联否认其存在。

这样,1939年《苏德条约》是否附有秘密议定书的问题就成为人们争议的一个热点问题。弄清这个问题对于正确评价战前国际关系、深入了解第二次世界大战史具有十分重要的意义。

■芬兰的厄运

芬兰被迫将近十分之一的领土割让给苏联,以此保全独立。

政事

世界历史未解之谜

克里普斯在二战期间为何突然访印？

正当世界人民的反法西斯战争正在如火如荼地进行，作为反法西斯的主力国的英国的下院领袖、掌玺大臣克里普斯却在1942年春，带着解决印度问题的《宣言草案》（亦称《克里普斯方案》），风尘仆仆地飞往新德里访问。在大战关键时刻，英国当权人物为何要采取这一行动？他们又有什么目的呢？会谈为何失败？谁该负责？

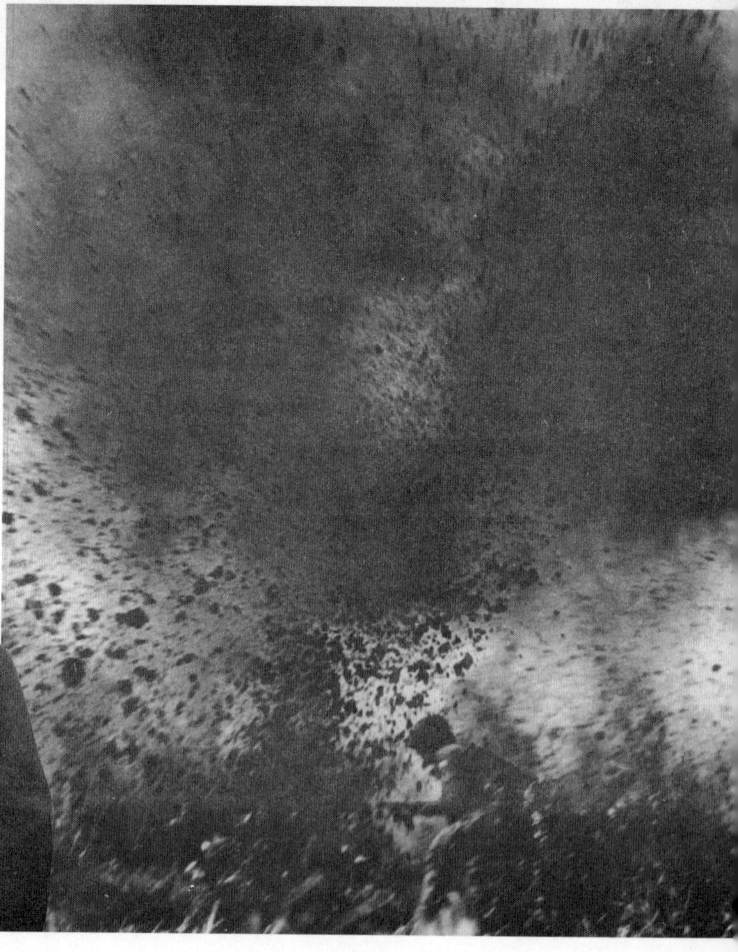

英国战时联合内阁为什么要派遣克里普斯访印呢？目前，在国内外学者和史学家的著述中，大致有四说。一曰"丘吉尔决定说"。一般认为，是丘吉尔本人做出的这一决定。而这一决策又同当时战局关系重大。日本于1941年12月7日偷袭珍珠港，太平洋战争爆发，为了实现"大东亚共荣圈"的迷梦，日本加速了侵略步伐。

▋一名英国士兵在纷飞的炮弹中英勇向前

▋丘吉尔像

1942年春，日本先后占领了新加坡、仰光，并且威胁到了南亚次大陆的安全。印度的东大门——孟加拉和马加拉斯也随时有沦陷的可能。素以维护大英帝国利益而著称的丘吉尔首相，为了维护自己的印度殖民地免受日军踩躏，当机立断，派遣克里普斯访印，以此来加强英国的地位。

第二种是"罗斯福干预说"。美国一些学者并不完全同意上述说法。持此说者认为，美国总统罗斯福的影响和干预促成了这一行动的实施。因为，太平洋战争爆发后，英美两国同日本对南亚次大陆的争夺更加激烈了。当时，中美两国政府首脑考虑到盟国的共同利益以及印度所处战略地位，曾多次要求丘吉尔早日解决印度问题，以争取印度人民尽快投入反法西斯战争。

■英国"丘吉尔"步兵坦克

第三种是"工党压力说"。众所周知，战时英国联合内阁中，在对印行政策问题上存在意见分歧，工党内出现一股势头，要求丘吉尔改变以往的政策，放弃僵硬政策，缓和矛盾，争取让印度也加入到战争中来，特别是克里普斯，力主改善英印紧张关系。丘吉尔害怕内阁分裂，在工党的压力下，被迫做出上述决定。

第四种是"印度呼吁说"。第二次世界大战爆发后第3天，即1939年9月3日，林利思戈总督没经各党派的同意，

■印度军队来到埃及

■印度反对英国的示威者

■甘地与尼赫鲁
二战期间，甘地虽然支持英国抗击法西斯，但斗争一直没有停止。

就擅自宣布印度参战。全印度人民奋起抗议他的这一决定，反英反战情绪高涨，印度自由派一些人士萨普鲁等人也联名上书，直接呼吁丘吉尔本人要求英国采取实际行动，以缓和日趋尖锐的英印矛盾。

然而，不论克里普斯访印的真实原因如何，这件事和它那不可解释的原因连在一起，只是在历史的长河中投下了一颗小石子，泛了泛水花，便悄无声息了。

政事

政事
世界历史未解之谜

美国在日本投放原子弹意图何在？

■长崎上空腾起的蘑菇云

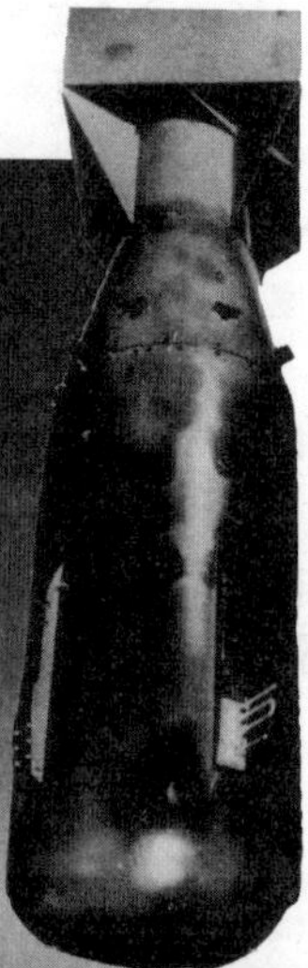

绰号"小男孩"的原子弹

原子弹的横空出世无异于上帝毁灭之手的突然降下。1945年美国在日本的广岛和长崎投放的两枚原子弹就是见证。

如此具有杀伤力的武器，美国为何要选择在日本投放？

传统的观点认为：其最终目的只是为了缩短第二次世界大战，避免美军伤亡，同时对苏联炫耀一下原子弹的威力。而且，在投放原子弹后的第二天，杜鲁门就发表声明，要日本接受提出的条件，早日投降，否则的话，日本只会自取灭亡。

但是有些日本学者对上述的看法提出了质疑。1986年3月，金子郭朗在日本《文艺春秋》特别号上发表《美国选择广岛投掷原子弹的原因》一文。

文章说，日本驻华盛顿的7名记者通过查阅美国国会公文文书馆、当时美国政府的有关机密文件和有关人员的日记、著作后发表观点：避免100万美军阵亡的说法是不可信的。当时美军绝密文件《日本登陆作战纲要》记载，美军准备在日本进行两场登陆作战，一是九州，二是关东平原，在拟制这份纲要时，美总参谋部曾征询过西南太平洋军司令部的意见，得到的答复是九州登陆作战的头30天将死亡5万多人，而麦克阿瑟坚持认为事实上不会有那么多伤亡。总之，不论从哪个文件也找不到死亡100万人的推算数字。所以，他们认为，宣称避免100万美军阵亡完全是一种夸张，是为了使投掷原子弹的行为合理化。

究其最终目的，美国为什么在日本投掷原子弹呢？记者们根据所查阅的资料证明，在原子弹研究初期，美国就已确定对日本使用原子弹，并把它当作一种"巨大的实验"。美国还曾计划把这种未有充分把握的原子弹用来轰炸集合在特鲁克群岛的日本舰队，以避免万一原子弹不爆炸后泄露机密。随着原子弹试验成功，他们坚持要用原子弹进行攻击，目标选择在人口集中，没有遭到普通轰炸的城市，以便科学家同行观测原子弹的功能，检测其威力。这是原因之一。

另有一个原因是，美国迫于议会强大的压力而最终决定使用原子弹，因为美国研制这两颗原子弹耗资巨大，花了20亿美元。

原子弹的余威还未消失殆尽，中子弹的研制已大功告成。被称为生物武器的中子弹又将被美国何时投向何方呢？当年原子弹的投放原因至今仍说不清、道不明，以后投别的炮弹还需要理由吗？

■日本投降仪式
日本外相重光葵在东京湾的美国海军"密苏里号"战舰上签订了投降条约。

■被原子弹炸毁的广岛圆屋顶遗址

政事
世界历史未解之谜

猪湾事件是美国中情局策划的吗？

　　在一个静悄悄的黎明，1400名装备精良的古巴流亡分子，从猪湾的吉隆滩和长滩登陆，向古巴发起了猛烈的攻击，制造了猪湾事件。这件事发生在1961年4月17日。40年后，2001年3月22日上午9点，古巴政坛的"常青树"——卡斯特罗坐在哈瓦那一家五星级宾馆的会议桌边，与昔日曾多次谋划置他于死地的敌人平心静气地讨论猪湾事件。这次会议由美国史学家、学者组织，为期3天，参加此次会议的除了卡斯特罗和其他古巴官员外，还有4名参加猪湾入侵的古巴流亡分子、2名美国前中情局官员以及前总统肯尼迪的亲信阿瑟·施莱辛格和理查德·古德温。

　　据美国与古巴双面的解密档案显示，猪湾事件完全由美国中情局一手策划。中情局为了给干涉古巴事务找到冠冕堂皇的借口，甚至故伎重演，借鉴1954年颠覆危地马拉政府时的经验，有意识地推动古巴与苏联结盟，"接下来，中情局就有事可干了"。其他国家的解密文件也有令人吃惊的内容。古巴政权也在秘密加强自己的防卫能力。

　　中情局决定策划一次入侵活动，推翻卡斯特罗政府。1960年3月，美国中央情报局局长艾伦·杜勒斯向白宫递交了一份计划，提出把聚集在佛罗里达的古巴流亡分子组织起来进行

■卡斯特罗与古巴人民在一起

■卡斯特罗像

78

训练，并在古巴内部开展秘密活动，以此推翻卡斯特罗政府。艾森豪威尔总统表示同意，并表示美国将对这些反卡斯特罗游击队"援助到底"。

肯尼迪上台后不久，获悉中情局有此项计划，对此也表示支持。杜勒斯向他保证，入侵计划比当年推翻危地马拉政府的计划"前景更好"。

1961年4月17日黎明，中情局制定的代号为"猫鼬行动"的入侵活动拉开帷幕。猪湾事件在历史的舞台上上演。

卡斯特罗时年34岁，虽大敌当前，仍丝毫不慌，指挥若定，仅仅用了短短72小时就挫败了这次入侵活动，共击毙114名，俘虏1189名流亡分子。

那么，为什么有强大的美国政府支持的入侵行动会失

■赫鲁晓夫与肯尼迪交谈
前苏联在猪湾事件中有何行动，至今无人知晓。

■卡斯特罗接受采访

■卡斯特罗和一群记者检查在古巴吉隆滩坠毁的美国飞机残骸

败呢？关于这点，长期以来众说纷纭。在美国国内，有些人把失败归因于中情局犯了轻敌的毛病，对古巴国内会响应入侵的反卡斯特罗政权的人数过分乐观。

中情局一向做事谨慎，在准备不周的情况下，为何会匆匆策划这次入侵？况且肯尼迪曾在战斗爆发的第二天表示，"我们的克制是有限度的"，"如果必要，就单独行动"，以"保卫自己的安全"。那么肯尼迪政府为何又食言撤回了空中支援，使古巴流亡武装陷于孤立无援的境地？前苏联在此事件中又扮演了什么角色呢？

政事

世界历史未解之谜
战争
War

特洛伊战争究竟是真是假？

一场战争引出了两大史诗，从而成为西方文学的源头，这场战争就是特洛伊战争，而两大史诗就是荷马的《伊利亚特》与《奥德赛》，那么，这场战争是真是假呢？

在那样一个人神界限特别模糊、人类很像神灵而神灵身上又表现出太多人性的时代，特洛伊成为这一时代人神之中最伟大者交锋的场所。很多事情发生在这儿，特洛伊国王普里阿摩斯的儿子帕里斯，把世界上最美的女人海伦从希腊带到这里；希腊国王阿伽门农为了夺回海伦，率领他的军队来到这里；后来，在这个战场上，希腊最伟大的战士阿喀琉斯，杀死了帕里斯的哥哥赫克托耳。在荷马史诗《伊利亚特》的最后一幕，特洛伊国王普里阿摩斯与阿喀琉斯谈判请求归还他儿子的尸体并停战。

在史诗《奥德赛》中，故事并没有到此结束。帕里斯为他哥哥报仇，给了阿喀琉斯的脚踵致命的一击，杀死了这位希腊伟大的勇士。而希腊人则通过"木马计"，潜入特洛伊城内并最终摧毁了它。此后特洛伊的黄金时代也就

■木马计
这是特洛伊战争中希腊取胜的决定性因素，传说中的神话在历史上确有其事吗？

结束了。

历史上很多人认为这是历史事实,并真正发生在希沙立克。但是,自从18世纪开始,学者们对此提出了质疑。

■ 古希腊花瓶
古希腊文学和艺术有很多关于特洛伊战争的描述。在这个花瓶上可以看到阿喀琉斯在为一位勇士包扎伤口。

■ 赫拉克勒斯的战斗

许多人怀疑特洛伊曾经发生过战争,甚至更有一些人怀疑荷马的存在,至少怀疑荷马作为一个单独的个人而非一系列诗人的存在。

到了19世纪下半叶,只有极少数学者相信荷马史诗是对历史上的真实事件的记录。而相信特洛伊——假如它真的存在过的话——就在希沙立克的人则更少。然而还是有人相信特洛伊的存在,这其中包括业余考古学家弗兰克·卡尔弗特——美国驻这一地区的领事。19世纪60年代中期,卡尔弗特与其合作者德国富翁海因里希·谢里曼对希沙立克进行了发掘,发现了古典时期的神殿和一些高大的建筑物。后来,曾做过谢里曼助手的威廉·德普费尔德继续进行他未竟的事业。德普费尔德发现了更多的大房屋、一座瞭望塔、300码长的城墙。

德普费尔德的看法一直流行,直到40年后,一支美国探险队在卡尔·布利根的带领下来到希沙立克。布利根认为,特洛伊的覆灭,绝对不可能是希腊人的入侵造成的。因为城墙的一部分地基发生了移动,而其他部分则似乎彻底坍塌了。他认为这种破坏不可能是人为的,可能是一场地震导致如此。

■ 拉奥孔
在著名的特洛伊战争中,特洛伊城的祭司拉奥孔识破了希腊人的诡计,警告特洛伊人不要把那只被遗弃的木马搬进城里。结果由于泄露了秘密,拉奥孔与两个儿子被阿波罗与狄安娜派来的两条巨蟒杀死。

看来,究竟是特洛伊战争成就了荷马史诗,还是荷马史诗成就了特洛伊战争,特洛伊战争究竟是真是假,这一切都湮没在漫漫的历史长河之中了。

战争

战争

世界历史未解之谜

古罗马军团为何能横行欧亚？

公元6世纪末起，罗马人赶走了伊鲁特人，成立罗马人自己的国家，后来，欧洲以至西亚和北非地区的格局都因罗马帝国的崛起而发生了变化。这一影响当时世界格局的帝国拥有一支十分强大的部队，这支军队在最初仍然继续使用他们的统治者伊特鲁里亚人曾经用过的希腊风格的重甲方阵。重甲方阵是由用圆形盾牌和投矛武装起来的重甲步兵组成，此后不久，他们就开始着手建立他们现代化的部队。

伊特鲁里亚逐渐衰落后，在与拉丁同盟和意大利半岛其他部族继续进行的战争中，重甲方阵的内在局限性日益暴露出来。意大利的地势凸凹不平，这对于那个庞然大物的调遣来说极为困难，而且它的侧翼常常会被毫无约束、没有固定战争风格的部族士兵所攻击。所以，公元前4世纪初，更为灵活的军事组织——军团逐渐取代了方阵，而成为新的战争方式。军团的人数视条件而定，但它主要战术结构保持不变。步兵根据年龄和经验排成了列。第1列称"哈斯塔迪"；第2列是"普林斯朴斯"，他们一般是年龄稍长、大约30岁左右、服役7年的士兵；最后一列"特瑞阿瑞"是久经沙场的老兵，他们的老练和成熟有助于鼓舞士气。

只有第3列久经沙场的士兵使用长矛，第1、2列士兵使用重标枪，又称"皮鲁姆"，长大约2.075米，软铁头和矛柄中间有细细的一段连接。枪尖在用力过猛时就会弯曲，枪头也常常折断，因而使对

■萨宾妇女 油画
罗马建城之初经常与其邻近的萨宾部落发生激烈冲突，这幅画表现的是罗马人与萨宾人激战的情景。

方无法再次使用。此外，矛头也往往能够嵌入到敌人的盾牌和盔甲中，令对手行动不便。第1列队伍在投掷完他们的标枪之后，就立刻挥剑冲入敌阵，近身肉搏。

▪罗马军队战斗浮雕

▪胜利女神
罗马帝国的皇帝在庆祝战役胜利时，常常将胜利女神放在战车上。

如果第1轮进攻失利，幸存者就会马上退向第2队列，由第2列接着发动更为猛烈的进攻，如果两次进攻都不幸失败了，幸存者将会退到第3列的后部，第3列就会收缩队形，举起长矛。提供一道安全的屏障保护部队安全撤退。

可以说，人力的优势、灵活的战术和特殊用途的武器都对他们的战绩都做出了很大贡献。但是所有的因素中，罗马所依靠的最大的力量那就是军团将士的素质和忠诚。正像公元前200年希腊将领色诺芬回忆他的军队时所说，当他们面对敌人的武器和战马时，总是表现得极为沉稳，"这样的人在战场上无往而不胜"。

后来，军团的主要战斗武器是西班牙剑，估计可能是由在西班牙与迦太基人作战的军队带回意大利的。西班牙剑是宽身利刃剑，长约70厘米，主要为刺东西而设计，这也是令罗马敌人恐惧的一件武器。

公元前197年，罗马人在色萨力的锡诺赛佛拉打败了菲利浦五世的马其顿方阵，从而显示出了一种新的迹象：一个以新的方式指导战争的、新的大帝国正在崛起。

战术结构的优越性，是必须在实战中才能得以验证的。当时军队的作战方式受希腊风格重甲方阵影响较大，古罗马军团的战术结构的发明者是谁？他又以怎样的军事理论或政治手段使古罗马朝廷接受了新的作战方式？由于古罗马时代距今时间久远，又缺乏翔实的资料记载。所以至今都是一个未解之谜。

▪罗马士兵胸甲

战争

古罗马起义将领斯巴达克为何率军南下？

公元前73年，一场由斯巴达克领导的世界古代史上最为波澜壮阔的奴隶起义爆发了，这场起义以反对罗马奴隶主统治为目的，起义曾经席卷整个意大利半岛。

■ 斯巴达克铜像

当斯巴达克起义军将克劳狄乌斯和瓦利尼乌斯的围剿接连粉碎后，斯巴达克曾拟订了一个北上计划："全军向阿尔卑斯山前进，越过高山，北上出境，返回故土。"重获自由，这也是人之常情。不过副将克里克苏对斯巴达克提出的这个计划坚决反对。随后，克里克苏率领2万人愤然出走，不幸被官军消灭。斯巴达克率军继续北上，将楞图鲁斯和盖利乌斯的前堵后追挫败，义军一度攻打到阿尔卑斯山脚下的穆提那城。但斯巴达克此时突然放弃北上计划，率领全军调头南下。

罗马元老院害怕起义军会攻打罗马城，立即派独裁官克拉苏带领8个军团前往镇压奴隶起义。克拉苏采用古老的《十一抽杀律》：凡战败或临阵脱逃者，10人当中抽签选出1人处死。如此严明的军纪使罗马军队的战斗力大大提高。

被赶到意大利半岛南端的布鲁提翁的起义军准备渡海去西西里，但却失败了。克拉苏下令在半岛最南端挖了一条两端通海的大壕沟，企图将起义军的退路截断，将起义军就地歼灭。起义军尽管奇迹般地冲过封锁，但损失巨大，不久就陷入困境。罗马元老院又在此时命令鲁库鲁斯从马其顿、庞培从西班牙回师，会同克拉苏从东、北、南三面包围起义军。

在这个紧要关头，起义军内部牧民出身的康格尼斯不同意撤离意大利半岛，带领1.2万起义军离开队伍，结果很快被克拉苏消灭。

公元前71年春，起义军与官军举行了一场最后的决战。双方在阿普里亚境内展开激战，斯巴达克和6万名部下英勇战死，官军把被俘的6000名起义军全部钉死在从卡普亚到罗马大道两边的十字架上。

尽管起义失败了，但确实沉重地打击了罗马奴隶主统治者。2000多年来，人们也对这次起义提出不少疑问：比如，斯巴达克曾一度制订北上出境计划，如果认真施行这个计划，他们离开罗马返回色雷斯结果会怎么样呢？那么他放弃北上计划的原因究竟是为什么呢？

当斯巴达克最初制订北上计划时，起义军内部已出现严重分裂：副将克里克苏率2万人出走，结果被官军很快歼灭了。起义军内部的第2次分裂也发生在斯巴达克提出渡海去希腊的时候，牧民出身的康格尼斯对撤出意大利半岛的主张坚决反对，带领1.2万人离开队伍，结果被克拉苏消灭。

竞技场上残酷的格斗

看来，起义军内部始终在去与留的问题上存在严重的分歧。这与起义军来源有很大的关系：斯巴达克等人是来自色雷斯的角斗士，有很强的乡土意识，希望有朝一日能回归故土色雷斯。而另外一些起义军过去是罗马破产农民，不愿意离开罗马。这种强烈的本土意识使他们在大敌当前时意识不到真正的危险而团结起来。

研究者认为，斯巴达克计划的改变缘于客观形势的变化。起义之初，敌强我弱，斯巴达克感到很难对付罗马官军，不宜久留罗马，所以他拟订北上计划，先在敌人力量比较薄弱的北部地区发展自己，争取早点翻越阿尔卑斯山返回故土。但北上途中的节节胜利，尤其是起义军将罗马执政官克劳狄乌斯、名将楞图鲁斯和盖利乌斯的围剿接连挫败之后，声势大振，敌我力量对比出现了一点变化。起义军因此变得自信起来：觉得可以留在罗马"一搏"。

第二种意见认为：阿尔卑斯山的恶劣条件改变了起义军北上翻越山岭的计划。他们提出，阿尔卑斯山平均海拔3000米左右，是欧洲最高的山峰，许多山峰终年积雪，山上气候千变万化。12万起义将士到达阿尔卑斯山脚下时，身上的单衣无法御寒，再加上起义军给养不足，没有办法，只好取消了北上计划。

还有人认为，斯巴达克改变北上计划是因为想到缺乏意大利北部农民的支持。

当然历史不能重写，如果斯巴达克继续北上，并且成功地翻越阿尔卑斯山，返回了色雷斯，结果会如何呢？罗马官军是想把斯巴达克逐出本土而完事大吉还是要将其一网打尽才罢休？这些仍然还是谜。

克拉苏头像
正是他率兵镇压了斯巴达克起义军

战争

战争

世界历史未解之谜

古罗马远征安息的大军流落何处？

在现实生活中，一个人的神秘失踪已经让人惊奇不已了，6000余人一起神秘失踪的事情就更让人觉得是天方夜谭了，然而，这样的事确确实实地发生了。

公元前53年，古罗马"三巨头"之一的克拉苏率军远征安息（今伊朗），出师不利，兵败卡雷城，克拉苏本人被杀。他儿子率领的第一军团6000余人拼死突围成功。但突围之后却杳无音信，罗马人几番寻找也得不到他们的影踪，他们去了哪里？2000年来留给人们一个难解之谜。

据《汉书·陈汤传》记载，公元前36年，北匈奴郅支单于政占乌孙、大宛，威胁我国西域地区。汉武帝派都护甘延寿和都护副校尉陈汤出兵至康居，剿灭郅支单于。汉军在康居见到一支奇特的军队，"土城外有重木城"拱卫，"步兵百余人，夹门鱼鳞阵，讲习用兵"。西汉军队把这支军队降服后，又将俘虏的士兵全部收编。后来，西汉政府又在祁连山下设立骊靬县安顿了这批俘虏的士兵。

经过研究后，历史学家认为，只有古罗马军队采用构筑"重木城"防御工事和用圆形盾牌连成鱼鳞形状的防御阵式。所以这支军队可能就是卡雷战役中突围而出的普布利乌斯领导的罗马第一军团的残部。

澳大利亚专家戴维·哈里斯也对此进行了深入分析，推断这支奇特军队就是克拉苏东征部队的残部。当年他们从帕提亚的卡雷突围之后，辗转各地。后来又突破安息东部防线，进入中亚，被郅支单于收编为雇佣军。在公元前36年西汉与郅支之战中被陈汤收降。带回中国。他还根据材料推断，骊靬城旧址就在甘肃省永昌县境内。

另外，中国、澳大利亚和苏联的一些史学家也对此进行深入研究，他们找到一张公元前9年绘制的地图，根据地图指示，确认骊靬县就是现在的焦家庄乡者来寨。

但是也有一些持不同意见的人否定戴维·哈里斯的推

帕提亚国王塑像
安息帝国又称帕提亚帝国，在他们的传统风俗中，国王手中一般持有月神的像。

■罗马帝国与安息帝国之间的巴尔米拉城

断。他们说,"重木城"和"鱼鳞阵"并非是完全属于罗马人的军事艺术。在中国,编木或夯土为城古已有之,外城为郭、内城为城是中国古代通制。而且,《左传》中记载,中国古代也曾使用"鱼鳞阵",当时其正式名称叫"鱼丽阵"。

因为在对骊靬古城遗址发掘过程中没有取得什么有价值的成果,所以人们推断骊靬古城可能早已深埋地下,成为城下之城。

还有一些学者认为,即使当初罗马人的确曾到过此地,经过与当地居民2000年的通婚、融合,面貌恐怕早已大大改变,不再具有当初的特征。

另外也有人认为,这个地区外来人口一直比较复杂,很难依据现在那些地区存在酷似欧洲人的居民这一事实判定罗马人后裔生活在这里。

俗话说:"人过留名,雁过留声。"这一群6000人的军队却无声无息地失踪了,他们到底去了哪里呢?看来只有当事人自己知道了。

■远征安息的罗马士兵的墓碑

战争

战争

世界历史未解之谜

西班牙"无敌舰队"覆灭之谜

顾名思义,"无敌舰队"就是天下无敌。然而,西班牙的"无敌舰队"却上演了一出"以多负少"的悲剧,"天下无敌"变成了"人尽可欺"。

为了争夺海洋霸权,西班牙和英国于1588年8月在英吉利海峡进行了一场举世瞩目、激烈壮观的大海战。这次海战,西班牙实力强大,武器先进,战船威力巨大,且兵力达3万余人,号称为"最幸运的无敌舰队"。而当时英国军队规模不大,整个舰队的作战人员也只有9000人。两军相比,众寡悬殊,西班牙明显占据绝对优势。但是,出人意料的是这场海战的结局以西班牙惨遭毁灭性的失败而告终,"无敌舰队"几乎全军覆没。从此以后西班牙急剧衰落,海上"霸主"的地位被英国取而代之。

■ 西班牙舰队的大帆船

■ "无敌舰队"溃败

画中描绘了1588年侵入英国的西班牙"无敌舰队"在英国舰队的炮火轰击下慌张撤退的情景。

为什么强大的"无敌舰队"竟然在寡弱对手面前不堪一击,一战而负呢?大致有三种意见。

一是基础说。西班牙的强盛,只是表面上的暂时的虚假繁荣。西班牙国王腓力二世加强专治统治,搜刮民财,连年征战,专横残忍,挥霍无度,激起了广大人民的愤恨,国内危机四伏。这次战争根本是不得民心的。

二是指挥失当说。另有学者认为,"无敌舰队"的惨败是由于国王用人不当造成的。1588年4月25日,国王在里斯本大教堂举行授旗仪式,任命大贵族西顿尼亚公爵为舰队总司令,率领舰队远征。西顿尼亚出身于名门望族,在贵族中有较高威望,深得国王信赖,所以被任命为舰队统帅。但是他本来是一名陆将根本不懂海战,对指挥庞大的舰队在海上作战毫无经验,而且晕船。对这项任命他始料不及,根本没有任何思想准备和信心指挥这场战争。他也曾要求腓力二世另请高明,但未被获准。试想,这样的将领指挥海战,哪有不败之理?

■西班牙国王参加弥撒的情景

三是天灾说。这种说法认为"无敌舰队"遇上了天灾,而不是人祸。它首先遇到的对手,是非常可怕而又无法战胜的大西洋的狂风巨浪。这是进军时机选择不当造成的。在"无敌舰队"起航不久即遇到大西洋风暴的袭击。"无敌舰队"许多船只被毁坏,淡水从仓促制成的木桶中漏出,食物大量腐烂变质,水手们疲惫不堪,大多数步兵也因为晕船而失去战斗力。"无敌舰队"还没有与英国交战先折兵,战斗力大大受到削弱。不得已,西顿尼亚带着这样一支失去战斗力的舰队与英军开战,从而导致厄运的发生。回国时,在苏格兰北部海域,再次遇到大风暴,一些舰船又被海浪吞噬或触礁沉没。至此,"无敌舰队"几乎已全军覆没。

虽然"不以成败论英雄",但胜者为王,败者为寇。看来,"无敌舰队"覆亡的原因值得所有的军事家深思。

■伊丽莎白半身像

战争

战争

世界历史未解之谜

拿破仑在滑铁卢惨败另有原因吗？

拿破仑能够创造神话，其本身即是一个神奇的创造。1815年3月20晚上9点钟，令人难以置信的是，"大势已去"的拿破仑居然不费一枪一弹，在短短19天之内从地中海到巴黎，赶走了波旁王朝，再度称帝。

但拿破仑比谁都更清楚地知道，他马上就要面临着一场严酷的战争，欧洲对他这一次的突然出现一定会想尽一切办法进行打击。

6月14日，拿破仑入侵比利时战争开始。

6月17日傍晚，拿破仑带领军队向高地进发，与英军相遇。

6月18日清晨拿破仑与威灵顿开始战斗，当时拿破仑大约有7.2万个士兵，威灵顿有7万。拿破仑和威灵顿都在等待援军的到来，前者等的是元帅格鲁布，后者等待的则是布吕歇尔。

法军继续着对英国军队左翼的进攻。一个半小时后，拿破仑看见圣兰别尔东北方有军队向这边赶来，他认为这一定是格鲁布，遗憾的是：来的军队是布吕歇尔而不是格鲁布。布吕歇尔从格鲁布的追击下逃脱并且绕过法国元帅的视线赶到了这里。拿破仑

■拿破仑巡视战场

拿破仑凭借他的军事韬略和敏锐的政治头脑，在20年间从一个科西嘉岛小贵族变成了主掌大半个欧洲的人物。

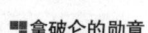
■拿破仑的勋章

■滑铁卢战役中的激战场面

并没有因此而想到撤退,他认为格鲁布应该会很快到达。

很多的法国骑兵死在了战场上,但剩余的士兵们毫不因此恐惧。

黄昏时,拿破仑相信格鲁布马上就能赶到,所以他仍旧带领着近卫军向前猛攻。但很快大批英国骑兵冲向了法国近卫军,近卫军伤亡惨重。这个时候,拿破仑仍在等,格鲁布仍没来!

排成了方阵的近卫军一面抵抗着英军的进攻,一面保卫着拿破仑慢慢撤退。离开了滑铁卢,拿破仑得知几十万英军主力已准备向法国进攻,而几十万俄军也咄咄逼人,即将到来。这些让拿破仑彻底绝望了。格鲁布迟迟未到毁灭了法国军队。

滑铁卢惨败,拿破仑对未来充满了绝望。然而事实真如人们所言:拿破仑的惨败完全在于格鲁布元帅的迟到吗?如果格鲁布元帅没有迟到而是准时到达救援地点那是否又意味着拿破仑会一如既往地雄霸欧洲呢?

我们只有到不可重演的历史中去找寻答案。

■在滑铁卢战役中指挥普鲁士军队的布 吕歇尔元帅

战争

希特勒发动"巴巴罗萨"空战战果如何?

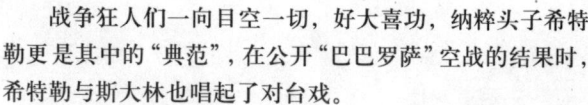

战争狂人们一向目空一切,好大喜功,纳粹头子希特勒更是其中的"典范",在公开"巴巴罗萨"空战的结果时,希特勒与斯大林也唱起了对台戏。

1941年6月22日夜,希特勒一手制定"巴巴罗萨"作战计划。俄罗斯人民正沉浸在和平、甜蜜的午夜之梦中。凌晨3点15分,成千上万颗绰号为"恶魔之卵"的球形炸弹带着刺耳的啸叫落下来,夜空的宁静被打破了,随着剧烈的爆炸声,到处升腾起冲天的火光。俄罗斯再也不能平静下去了,战争恶魔向他们伸出了巨手。

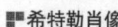

■希特勒肖像

苏联空军蒙受了巨大损失,那么在"巴巴罗萨"空战中损失的飞机到底有多少?

这必然是个不小的数目,据德军4个航空队向德国空军总司令赫尔曼·戈林报告说:德国空军轰炸机炸毁了来不及起飞的苏军飞机1489架。此外,德军战斗机及高炮部队击落了升空的飞机322架,共计1811架。德军自己也不敢相信在如此短的时间内竟能获得如此的战绩。与此同时,戈林密令空军总司令部的军官们分别到各个已被占领的苏军机场依据飞机残骸进行一次统计调查。调查进行得很快,一份秘密调查报告呈送至戈林面前:"巴巴罗萨"空战的战果不止1811架,而是2000架以上。报告说,准确的数字已无法核实清楚,但肯定在2000架以上。

因为戈林没有对此事展开进一步深入调查,所以人们都对此战果的报道持怀疑态度。而且,在"巴巴罗萨"空战以后,苏联空军并没有公布损失飞机的数字。战争结束以后,苏联国防部出版社发行了6卷本的《苏联伟大卫国战争史》。该书称,苏联空军在"巴巴罗萨"空战的第一天损失飞机1200架,其中单在地面上被炸毁的就有800架。

苏联与德国公布的数字相差非常多,竟

游弋在空中的德国轰炸机

激战中飞行员用望远镜观察敌机

达600～800架，这差不多是一个中等国家整个空军的实力，令人奇怪的是，苏、德双方对于升空后被击落400架飞机的数字，出来的统计结果是相同的。数字的出入在于地面飞机的损失，而地面飞机的损失数字说什么也比空中击落飞机数字易于统计。

斯大林在当天早晨曾命令西部军区将所有飞机均加以伪装。但是斯大林的命令并没有得到执行。苏联空军的新旧飞机均未加任何隐蔽，整整齐齐地排列在跑道上，就像接受阅兵似的。大部分飞机来不及升空便被炸毁了。

尽管在这场偷袭战里，被炸毁的飞机到底有多少还是不得而知，但我们能肯定的是，即使希特勒大获全胜，也没能改变其最后彻底失败的命运。

空投炸弹飞向目标

战争

诺曼底登陆成功的背后英雄有多少？

丘吉尔曾说过这样的话："战争中真理是如此宝贵，要用谎言来保卫。"此话一语中的，泄露了第二次世界大战期间盟军诺曼底登陆计划取得成功的又一"天机"。就让我们以那些在看不见的战线上活动的幕后英雄的故事来探讨一下其中的奥妙吧！

第一个故事以一位代号为"宝贝"的双重女间谍为主人公。她的本名叫纳萨莉·萨久依安。她在俄罗斯出生，后来加入法国籍。二战爆发后，成为德国情报部门的一员。她被派往马德里，一位她在那里结识的美国朋友改变了她的命运。这位朋友建议她效力于盟国，并帮她联系上了英国使馆。本来纳萨莉和纳粹德国的头目赫尔曼·戈林关系很好，哪知一踏上英伦三岛，纳萨莉就背叛了纳粹德国，开始秘密地为英国"军情五处"办事。英国人通过纳萨莉，获得了纳粹德国的大量情报。

整个二战期间，谍报战线的形势异常复杂，可谓我中有敌，敌中有我。有时为了达到某个目的，可谓想破了头。而有时绞尽脑汁也使不出诡计的，却又轻易地得到了。冒牌的"蒙哥马利"就是其中的一个例子。

1944年5月26日，希特勒仔细地端详着一张照片。照片上的人是英国陆军元帅蒙哥马利。这张照片是德国间谍于当天拍摄的。希特勒疑惑不解，蒙哥马利为什么要来这里。不久，又从密探那里获悉，蒙哥马利又去了阿尔及尔，并带来印有他名字缩写的手绢。苦苦思索的希特勒立即下令召集高

▀ 艾森豪威尔将军像

▀ 盟军在诺曼底登陆的场面

级将领会议。会上，大家表达了各自的意见，最终取得共识：盟军即将在法国南部的加莱地区登陆。

然而，这一切都是盟军精心设置的"铜头蛇"行动的一部分，它其实是一个圈套。所谓"铜头蛇"行动，是由英国情报部门在诺曼底登陆战前夕进行的一场秘密情报战。其内容是在诺曼底登陆作战之前，找一个与英国陆军元帅蒙哥马利长相酷似的人冒充他进行一系列掩人耳目的活动，以便以证据确凿的"事实"向德军表明，英国登陆作战最高指挥官蒙哥马利元帅已经到了非洲的直布罗陀和阿尔及尔而不在英国，从而使德国人相信：盟军的登陆地点不是法国北部的诺曼底，而很可能是法国南部的加莱地区。

■蒙哥马利元帅像

■假扮蒙哥马利的莱尤特仑 特·克里弗顿·詹姆斯

假戏真做的布律蒂斯也在盟军登陆诺曼底计划顺利实施过程中扮演了重要的角色。

1944年初，驻扎在法国的德军兵力要比英美两国登陆部队的总兵力雄厚得多。如果德军将主要兵力集中于诺曼底，盟军的登陆行动计划肯定会受到很大的阻碍。为确保成功，盟军还决定同时采取"霸王行动"。这一行动主要是阻止德军的主力向诺曼底转移，使德军把与英国东南部仅一水之隔的法国加莱地区错认为登陆地点。"计划"虽好，但是实施起来并不容易。这时，英国人想到了"德国间谍"布律蒂斯，决定通过他假传情报，迷惑德军。

盟军为了执行这一庞大的冒险计划，也做了大量的准备工作，以配合布律蒂斯向德军传送假情报，例如派出飞机对加莱地区的德军兵营进行轰炸，制造出要在加莱同德军决一死战的架势；派出装有电台的汽车在这个地区迂回，发出几千封电报供德军监听。

这一切假象做得天衣无缝，致使德国人完全上了当。他们认为，依靠布律蒂斯这个优秀的间谍人员识破了盟军的入侵计划。于是，德军将最精锐的部队和庞大的坦克群集结在法国北部加莱地区……

当然，除了我们已知的几位幕后英雄外，还有许多不为人知的地下英雄都为这次登陆做出了巨大的贡献。正是借助他们的力量，1944年6月6日，一批神兵在诺曼底从天而降，而此时希特勒的重兵却还集结在加莱地区待命。

■"巨人"电子译码器
盟军利用这种机器解开了德军的超级密码。

战争

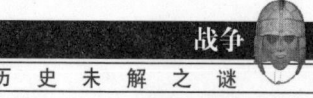

战争

世界历史未解之谜

■日本偷袭珍珠港成功

日本偷袭珍珠港能够避免吗？

日本偷袭珍珠港是第二次世界大战的转折点。从此，太平洋战争爆发，美国参战，日本走上了不归之路。美国人一直将珍珠港事件视为自己的耻辱，将责任全部推到日本一方，然而，真相到底如何呢？

著名美国历史学家舍伍德在其所著的《罗斯福与霍普金斯——二次大战时期白宫实录》一书中详细分析了美日的珍珠港事件前的外交谈判过程。日本前驻德大使来栖三郎1941年11月6日赴美，与驻美大使野村一起和美国举

■罗斯福总统对日宣战

行了谈判。11月20日,日本代表作出了准备同美国达成协议的姿态,向美国国务卿赫尔递交了日本政府的"和谈新建议"。然而,11月22日,美方用所谓"魔术"的特殊方法截获和破译了日本外相东乡给野村和来栖发的密码电报。在这份电报中,东乡指示野村和来栖,日本政府20日的建议是:"绝对最后建议"和"防止某种事件发生的最后努力"。这个最后通牒的期限是11月29日,电报最后强调,"最后期限绝对不能改变。在这之后,事情将自动地发生"。11月26日,赫尔国务卿对日本的建议作了答复,向日方代表递交了美国政府拒绝日本建议的照会,即所谓《赫尔备忘录》。因为美国截获和破译了日本的密电,美国方面觉察到日本将有所行动,但并不清楚日本的具体进攻目标,对此,就连日本谈判代表野村和来栖也不知道。舍伍德指出,11月25日日本机动部队向珍珠港进发,这正是东乡密电上指定的"绝对最后期限"的前4天。这就是说,日本根本不需要美国的答复,在一本正经的、无效的外交换文还在继续之际,战争就已经发动了。

■率领第一批飞机偷袭珍珠港的日本空军 中佐渊田美津雄

当然,这只是美国学者的看法,对于这件事情,有些日本人又是另一种说法。

日本袭击珍珠港的飞行部队总指挥官渊田美津雄于1967年再版了他的《袭击珍珠港》一书,对日本袭击珍珠港的指责作一番解释。他指出,罗斯福总统在当时那种情况下为了使美国人民在参战问题上统一起来,千方百计想找一个类似的"路西达尼亚"号邮船惨案的事情作为参战的借口(1915年5月7日,美国以"路西达尼亚"号邮船惨案为借口对德宣战,参加了第一次世界大战)。日本电报密码早已被美国先进的无线电监听系统破译了,而且,美国人早已得悉日本正在觊觎珍珠港。罗斯福对这件事情是完全清楚的,但他愚弄了人民和军队,故意使太平洋舰队处于无准备状态。

另外,当时任机动部队第一航空舰队参谋的原田也曾经写文章表示,美国政府早已得到情报。罗斯福总统深谋远虑,企图以此振奋士气。

随着影片《珍珠港》的上映,珍珠港事件再次成为热门话题,但珍珠港事件真相也许就如同那些被炸沉的战舰一样,永远无法重见天日了。

■还在准备和谈的日美双方
作为假象,日本大使野村吉三郎(左)及特使来栖三郎笑容满面地随同美国国务卿赫尔前往白宫,而此时南云中将已率领日本攻击队驶向珍珠港。对于即将发生什么,双方是不是都心知肚明呢?

战争

伊拉克的战机外飞之谜

知己知彼，方能百战百胜。若是双方均能如此那就不分胜负了。可见还要做到"故弄玄虚"，知己防彼。1991年的海湾战争，伊拉克百架战机在大敌当前之际非但没有奋起反击，反而逃之夭夭，转飞伊朗。此"玄虚"弄得人们大为疑惑，至今无人知晓其中真正动机。

这支自诩为"世界上第5支最强大的军队"到底搞什么鬼？

西方新闻媒体曾对伊机外飞事件大肆报道。真真假假，扑朔迷离。使这一事件令人难辨真伪，然而归纳起来也不外乎有下面四种说法：

一种说法认为这是伊方的"韬晦之计"。众所周知，由于两伊战争刚刚结束，双方的敌对关系有所缓和。而海湾战争爆发后，伊朗即宣布中立以自保。在这种情况下，与其凭借地下防护体将战机留在国内倒不如将一些较为先进的飞机保存在中立国伊朗境内，故而战机纷纷外飞。

也有一些人士另持"未遂政变"一说。一部分西方人士纷纷猜测，伊国内的一起未遂政变可能是伊机外飞的直接原因。苏联某官方通讯社对于这一揣测也给予了证实。报道如

■ 巴格达上空弹雨纷飞
迎战美国针对性的空袭，伊拉克予以回击。

■ 战争后期科威特油井燃起大火
伊拉克撤离科威特时点燃了油井。虽然失败已成定局，萨达姆并不认输。飞往伊朗的战机就是留作回击的一招妙棋吗？

■ 海湾战争后期的萨达姆

下：伊拉克在海湾战争中表现不力，致使多国部队节节胜利，萨达姆颜面大失，遂杀鸡儆猴，将两名空军司令以"防空不力"罪处决。随后，一些属于这两位司令派系的空军将领及飞行员旋即发生政变，未果。政变败露后，牵涉其中的一部分官员即驾机出逃，寻求政治避难。

还有一种说法是"厌战开小差说"。有消息宣称，除向驻科伊军投放大量的收音机以及传单之外，多国部队还在美国示意下向伊本土投了数以百万计的传单，规劝他们弃械投降。可以说，心理战虽谈不上所获颇丰，但毕竟还是有一定成效的。故而许多西方人士认为伊空军有可能是开小差，临阵脱逃，以免多国部队"以石击卵"，做无谓的牺牲，这成为对这一事件的又一种新的诠释。

第四种就是所谓的"留作反击说"了。执行沙漠风暴的美军对伊拉克战机外飞伊朗一事心情复杂。一方面他们看到数以百计的伊战机受制于多国部队的狂轰滥炸，致使伊空军无法发挥应敌效应，只能外逃。而同时，他们也意识到这些外飞的战机有可能东山再起，成为美国及多国部队的隐患，这对于多国部队而言不可谓不是一颗定时炸弹。然而，事后伊战机的表现证明了这一担忧纯属杞人忧天，外逃飞机既无任何一鸣惊人之举，也没有卷土重来之势，其命运如何亦不为世人所知了。

"出逃"抑或"避难"、"阴谋"抑或"无计"、"厌战"抑或"保存实力"……至今这一系列疑团仍萦回于人们的脑海中，引起多方揣测。只是这些扮演神秘角色的外飞战机何去何从？阿门！愿上帝保佑他们生存至今。

■美军捉到一名伊拉克俘虏

■执行轰炸任务的美军轰炸机从航空母舰 上起飞

世界历史未解之谜

美军在海湾战争中为何未将萨达姆彻底推翻？

美国政坛父子总统并不多见。老布什卸任之后没几年，小布什便子承父业，在总统大选中险胜戈尔荣登总统宝座。不知是不是父子连心的缘故，如今小布什所遇美伊之争竟与当年老布什在任时如此相似——非常棘手。无怪乎美国朝野部分党人近期纷纷对老布什11年前没有"斩草除根"多有怨言。

第一次海湾战争中，老布什发动"沙漠风暴"行动，围伊救科，但终未对萨达姆一剑封喉。老布什何以要留此隐患，产生爆发第二次海湾战争的可能呢？

很多学者对这个问题进行研究，总结他们的看法，不外乎以下几点：

第一，美国担心对萨达姆逼得太急，伊拉克将使用生化武器和大规模杀伤性武器。同归于尽的结果是美国不想看到的。

第二，当年如果美军进入巴格达，萨达姆在情急之下，很可能点燃当时已经开发的石油矿。

第三，如果美军乘胜进入巴格达，推翻萨达姆的政权，伊拉克的政局当如何处置呢？这也是当时困扰老布什的一个很重要因素。如果萨达姆政府垮台后，在伊拉克建立一个亲美政权，才符合美国政府的战略利益。伊拉克最大的反对派组织——伊拉克国民大会是美国非常看好的"伊拉克代理"，但其所作所为却令美国政府感到非常失望，因为它滥用美国援助、无法招募新成员、甚至内部出现分裂。更让老布什头痛的是，萨达姆垮台之后，伊拉克难免陷入地方势力争权夺利的混乱局面，到时候，美军就不得不在伊拉克派驻军队以维持地方秩序。在中东这种事故多发地区，美国将为维持地方秩序大伤脑筋，耗费巨大的人力、物力、财力也未必能控制住，到时也许会形成"赔了夫人

■ 安南到巴格达与萨达姆会谈

■ 萨达姆像

又折兵"的结局。

　　此外，还有一个"权力真空"问题。如果萨达姆政权倒台，势必将影响整个中东地区局势，并将影响到世界石油市场。而土耳其则担心萨达姆倒台后，伊北部库尔德人乘机建国，诱发土耳其1500万库尔德人要求独立。沙特则担心伊南部什叶派反对势力投向同派的伊朗，如果伊朗过于强大，对美国也是不利的。为了稳定战后的局面，防止发生分裂，美国必须寻找一个能威震四方的领袖人物，而此人只能从伊反对派中寻找。但伊反对派派系林立，力量分散，且内部斗争不断，难以产生美国所期待的人物。

　　如此看来，似乎小布什完全没有必要埋怨老爸，毕竟当年老布什也是身不由己。但伊拉克这个始终被美国视为敌对政权的国家，在海湾地区所处的重要战略地位和丰富的石油资源控制权又是个不可不加以警惕的威胁。小布什何去何从，还得三思而后行。

■伊拉克巴士拉的油井在大火中燃烧

这正是布什所担心的局面。引爆油井将会毁灭美国的战果。但美国没有考虑到放过萨达姆引起的巨大隐患吗？

▶"艾森豪威尔号"航母驶往波斯湾

战争

科索沃战争中"特遣部队之鹰"计划缘何流产？

战火燃烧的1999年3月，美国迟迟未向科索沃派遣地面部队，受到北约其他国家的广泛质疑。

美国的妙计是什么呢？是"特遣部队之鹰"。原来，为了赢得各成员国民众的支持，并在战争中最大限度地减少飞行员的伤亡，北约专门制订了所谓"捕获－22"战略计划，对南联盟的军事目标发动有限的空中打击。对此，美国国防部的高级官员和北约最高司令克拉克将军多次向白宫提出警告：企图靠几天的空袭使米洛舍维奇屈服是不现实的，飞机不可能摧毁南联盟的武装。对此，白宫无从回答。因为按照白宫的设想，这个任务属于"阿帕奇"。

■塞尔维亚人焚烧带有纳粹标记的英国国旗，抗议北约的轰炸。

■北约轰炸引起的城市大火（一）

但是，在所有的一切都准备好了之后，美国当局突然下令撤回"阿帕奇"。就这样，耗资数亿的"阿帕奇"在没发射一枪一弹的情况下，便领命按原路返回了。为什么要取消原定计划？为了探得其中的缘由，《今日美国报》资深记者达娜·普里斯特对驻欧美军40多位飞行员和指挥员以及包括7名四星上将在内的华盛顿高级国防官员进行了几个月的采访。2001年1月2日，答案终于水落石出：

最终导致白宫不让"阿帕奇"参战的是拉尔斯顿等人估计出的令人沮丧的伤亡人数。

"特遣部队之鹰"司令约翰·亨德利克斯和克拉克早就告诉美国政府,任何伤亡估计都是不足信的,但在这场特别注重飞行员安全的空袭战中,最敏感的问题还是伤亡。

到了今天,一些北约和美国的军官仍然愤愤不平,要是"阿帕奇"能够及时派上场,战争早就解决了。美国陆军部长卡尔迪拉谈及流产的"特遣队之鹰"计划时愤愤不平地说:"某些人形成了一种奇怪的思维:在训练中死多少人都是可以接受的,战争中却绝对不能死人。他们给士兵们设立了一种错误的标准。"然而,按照美国参谋长联席会议的一些成员和五角大楼官员的说法,之所以取消计划,并不是过于担心人员伤亡,他们的理由是:"特遣部队之鹰"存在许多问题,它太脱离常规了,抵达阿尔巴尼亚太慢了,它不可能消灭足够多的敌方目标,从而彻底使战争进程改

■ 美国总统克林顿视察驻波黑的北约美军

放弃"特遣部队之鹰"计划给美国带来巨大损失,这一事件的原因又是什么呢?克林顿该怎样向国会交待?

■ 北约轰炸引起的城市大火(二)

变。何况5月中旬,A-10飞机已经参战,"阿帕奇"就更没有参战的必要了……

不管怎样,"特遣部队之鹰"终于胎死腹中,留给美国的是一肚子的牢骚和不平,也许还有其他……真可谓是:机关算尽太聪明,反误了卿卿性命。

世界历史未解之谜
名人
Celebrity

荷马及其史诗之谜

众所周知《伊利亚特》和《奥德赛》是两部不朽的史诗，至今仍有其独特的文学价值。这两部史诗的作者相传为公元前8世纪的荷马。现代研究表明：这只是古希腊人的说法，这两部巨著的作者，可能另有其人，目前还无法肯定这两部史诗是否为一位诗人独立创作完成，也无法肯定叫荷马的写诗者，是单独一个人还是一个团体。公元前7（或6）世纪留下来的一首古诗曾经有过这样的记载："（荷马是）住在契奥斯岛（爱琴海中一个岛）的一个盲人。"可是这种说法无法考证，所以近3000年来，一直受到文学界的怀疑。

关于荷马的生平事迹，只有这两部史诗可以引以为据，但其中线索也少得可怜。不过，有一点今人是可以确定的，荷马是古代希腊在公众场合表演吟诵诗歌的人，即古希腊人所称的"吟唱诗人"。对这一点我们之所以这么肯定，是因为希腊人恰好在荷马时代之前不会使用文字。在公元前8世纪中叶，地中海东部的腓尼基人教希腊人学

■荷马雕像

习字母之前,希腊人根本无法书写记载。在荷马以前,故事传说只是凭借口头传播,之所以采取歌谣形式,是为了使"吟唱诗人"容易记诵,较有才能的吟唱者也可以当场即兴发挥,并且,每次表演的细节都不完全一样。每个吟唱者把一首诗歌以自己的方式进行修改,一首诗经过日积月累,就不断有各种发展。《伊利亚特》和《奥德赛》这两部史诗最终写成时,肯定是已历经润色增补的最后的定稿。

读荷马史诗中一些段落,很有短诗的味道;而且诗中若干事件,发生的时代似乎比其他部分更早,充分表明荷马史诗是经过很长一段时间,由很多"作者"创作完成的。

■陶瓶画
此图是根据荷马史诗《奥德赛》故事情节绘制的陶瓶画。在回家途中,为了抵御住鸟形的塞壬神甜美歌喉的诱惑,以免走向覆灭,奥德修斯用蜡将他水手的耳朵堵上,并把自己绑到船的桅杆上。

因此,经过推测得出的结论是:就在希腊人从腓尼基人处学会字母,知道如何书写时,一个天赋极高的吟唱诗人出现了,他汇集了大量累积下来的口传诗歌,把它们整理成两部具有丰富内涵的史诗,并用文字记述下来。

对这两部史诗的起源和写作过程做这样的假想,应该是极为妥当的,但又有疑问产生了:因为除了《伊利亚特》某些用语似乎比《奥德赛》时代较早之外,这两部史诗的语调与主题的差异也很大。比如,《伊利亚特》描写的主要是发生在几日内的事,并且对战阵军功极为强调;《奥德赛》所述事迹则长达10年之久,同时专写幻想和神仙魔鬼。因为《奥德赛》内容几乎没有涉及战争残酷的一面,所以19世纪英国小说家巴特勒指出:《奥德赛》作者应该是女人而不像是男人!

无论如何,这两部史诗写成之后,并非一成不变,而以后的吟唱诗人又在已写下的史诗上作了新的补充及润色。虽然在留存至今的这两部史诗以书

■荷马吟咏史诗图
古希腊著名诗人荷马正在爱奥尼亚一条大路旁,一边演奏竖琴,一边吟唱歌颂特洛伊英雄的史诗。

写形式出现的手抄本中,没有早于公元前3世纪的,但是两部史诗呈现出相仿的风格,足以表明某一个时期确有一个统摄的力量,促成了这两部史诗。但这统摄力量源于何处?是个人还是某个集团?为什么找不到任何记载?也许这些疑问还将长期困扰着文学界。

■雅典卫城遗址

苏格拉底为什么娶悍妇为妻？

■苏格拉底雕像

　　苏格拉底生于公元前649年前后，是古希腊最伟大的哲学家之一，他的学生柏拉图详尽地记述了他一生的言行。更有趣的是：这位大哲学家娶了一位有名的悍妇为妻。

　　究竟这位哲学家是什么样的人呢？他本人没有作品，因而我们所知道的他的事迹主要来自柏拉图和赞诺芬的著述。虽然上述二人对苏格拉底生卒年月的描述完全相同，但对其性格方面的描述却完全不同。

　　苏格拉底经历了雅典文化最辉煌的时期及被斯巴达打败的日子。他当过步兵，做过小官，妻子据说是个出了名的悍妇，生有一个儿子。苏格拉底曾为西方道德哲学做出了很多贡献，最终，他因坚持自己的信念牺牲。雅典当权者指责他轻视传统神祇、鼓励年轻人怀疑传统信仰与思想，而使他们道德败坏。苏格拉底在放逐与死亡任择其一的情况下，挑选了死亡，喝下铁杉毒液自杀。可是他仍然得到了他那一大群才智与年龄参差不齐的学生的尊崇。他们都曾免费听他讲学，学习他在回答中揭露矛盾，从而寻求真知灼见的方法。

然而，苏格拉底到底是怎样的人？在柏拉图的对话录中这位伟大的哲学家是一个热心追求真理、品格高尚的人，虽然他有时幽默而平和，但性格基本上严肃而认真。除此以外，他还跟柏拉图一样被描写成有同性恋的倾向，他对女性是敬而远之的。

另一方面，赞诺芬写的"座谈会"，有可能是用来驳斥柏拉图的，他在文中写到苏格拉底生性活泼，不但嗜酒，还时常跟女表演者开玩笑，主张严肃的问题要在饭宴作乐完毕后才能够开始讨论。毫无疑问，他喜欢女色，而且说话也极讨人喜欢，认为只要女人受到适当教育，则除体力外并不比男人差。据赞诺芬说，苏格拉底愿意娶悍妇为妻的原因就在于此。赞诺芬猜测苏格拉底认为如果可以教导好她，便能够教导所有的人。

以上两种描述似乎从不同方面反映出作者的个性和喜恶。但两人所写的苏格拉底又相差甚大，究竟哪一个更真实呢？柏拉图与赞诺芬都与他十分亲近，所描述的苏格拉底为何相差如此大？苏格拉底娶悍妇是出于对女性的敬畏还是要以哲人的头脑教导她？这些疑问都不得而知。

■雅典学院 壁画
这是拉斐尔为梵蒂冈官绘制的巨型壁画，以古希腊哲学家柏拉图所建的雅典学院为题。古希腊以来的著名哲学家和思想家汇聚一堂，一起自由讨论，情绪热烈，弘扬了人类对智慧和真理的追求。

■苏格拉底之死 油画
苏格拉底被判处鸩刑，众弟子悲痛欲绝，但他仍神色安然，制止弟子们让他逃跑的想法，坦然接过有毒的酒杯。

名人

世界历史未解之谜　名人

天文学家托勒密真的是欺世盗名吗？

托勒密是希腊有名的天文学家，他因地心说而影响深远。托勒密的地心体系学说认为地球居宇宙中央不动，日月星辰都围绕地球而运行，这个概念是他学说的基础。后来，他的学说被推翻，但他仍是公认的才华横溢的科学家和天文学家。可是，美国巴尔的摩市约翰斯·霍普金斯大学的天文学家牛顿，对托勒密是否是天文学家提出了质疑。牛顿在彻底研究分析了托勒密的思想方法和数学法则之后，做出了这一论断。他说托勒密根本就不是天才，而是骗子。

随后，牛顿在《托勒密罪状》一书中指出，托勒密为了使自己的理论成立，不惜捏造观测结果，甚而至于他还篡改了较早期天文学家的一些发现和观测记录。

■托勒密像

牛顿找出了证据来证明他这种石破天惊的论断。首先他把托勒密在特定时间内观测到的月亮位置的数值记录，与我们今天知道的当时月亮所在确切位置的数值进行比较，发现与托勒密所宣称的观测结果相差太远，这不能以古代仪器不够精密来搪塞。托勒密的观测甚至还不如较他早几百年以肉眼作的观测准确。托勒密的数值误差超过1/4度。这样看来误差似乎并不算多，不过这样等于表明托勒密只是将仪器瞄准月亮边缘，而不是瞄准月亮中央。这样大的错误即使是略知一二的生手也不应该犯，更何况一个天文学家。但是，值得注意的是，这些错误数值正好与托勒密自己假设的天文公式的数值相合。

牛顿还宣称托勒密有一次甚至报道一项绝对没有人能做得到的观测，这可以说他是个骗子！托勒密报道说这项观测是古代天文学家喜帕恰斯做的，他提及的这项观测是公元前 200 年 9 月 22 日下午 6 时 30 分的一次月食。但是我们现在知道，那一天，月亮是在托勒密记载的时间后半小时才升起来的。因此，如果不是原来的观察记录是杜撰的（如果是杜撰，托勒密应该看出来），那么就应该是托勒密把喜帕恰斯的观测结果给改了，又或者这一观测结果是他自己凭空捏造而硬说是受人尊敬的喜帕恰斯所述，并以此为自己编造的数值增加声势。由于喜帕恰斯的记录原本现在已经失传，我们无从考究。不过他说的月食时间正好跟托勒密理论所预测的完全吻合，牛顿就十分肯定究竟是谁在耍把戏了。

据牛顿推测，惟一可能的结论是：托勒密把自己的假

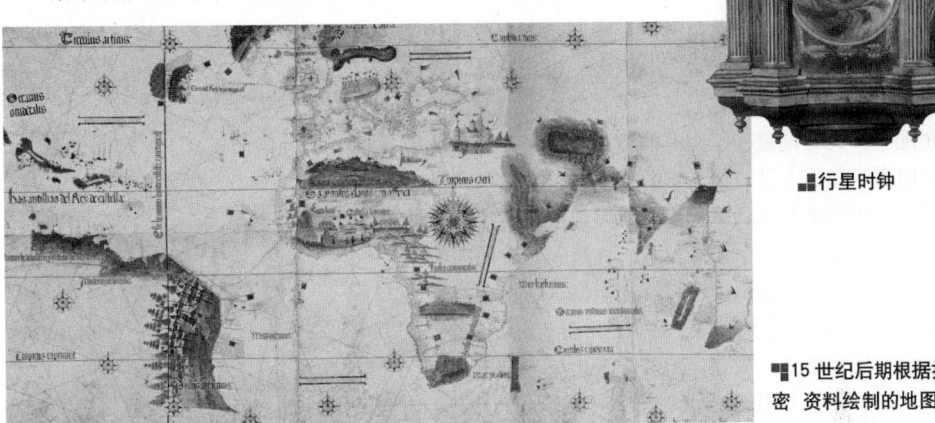

■行星时钟

■15 世纪后期根据托勒密 资料绘制的地图

设作为基础，然后推算出能支持他的说法所需要的数值，再宣称这个数值确实是从观测中所取得的。他还对所用观测仪器以及观测方法作了详尽无遗的描述，这样无非是可以使他的大骗局更加可信罢了。

牛顿的著作非常复杂难懂，但是，如果牛顿的这一论断被证明正确无误的话，那么托勒密的学术讹骗则不仅有害于天文学，而且也毁了他自己。因为像托勒密这样具有优良设备的科学家，要想取得真实观测数值并不是什么太难的事情，而且也许根据那些真实数值，就能使他发现太阳系的真相：地球是绕太阳而转动的。这一真相，直到 14 个世纪之后，哥白尼才发现，但哥白尼所用的数学方法和观测仪器，并不比托勒密当年所用的精密多少。

不管托勒密理论体系是否科学，但他在享誉科学界的伟人中还是名声赫赫，我们期待着能有更多的资料让我们去全面地了解这位伟人。

■哥白尼像
他在托勒密以后发表了"日心说"。

名人

米开朗琪罗的"怪癖"与其创作有关吗？

意大利文艺复兴时期出现过一位多才多艺的巨人。他不仅是伟大的雕刻家、画家，而且也是一位杰出的建筑家和诗人。这个人就是米开朗琪罗。

米开朗琪罗是欧洲文艺复兴时期雕塑艺术上最具代表性的人物，他创作的人物雕像气魄宏大，雄伟健壮，蕴含着无穷的力量。他的大量作品显示了写实基础上非同寻常的理想加工，典型地象征了当时的整个时代。但是生活中的米开朗琪罗却给人以"怪人"的感觉。

年轻时代的米开朗琪罗因酷爱学习而陷入了绝对的孤独。别人都把他看成一个孤芳自赏、性格乖僻、疯疯癫癫的人物。米开朗琪罗总是表现得举止粗俗，与社会格格不入，社交活动总使他感到腻烦。这与达·芬奇的相貌堂堂、举止优雅、风度翩翩、受到上流社会人士的喜爱形成鲜明的对照。他只和几位严肃的人士来往，没有其他朋友。他终身未婚，生平只爱过著名的德·贝斯凯尔侯爵夫人维多利阳·柯罗娜，然而却是一种柏拉图式的恋爱。

米开朗琪罗创作时需要绝对的孤独是他的又一个怪异之处，只要旁边有一个人在场，就能将他的情绪完全扰乱。他必须获得一种与世隔绝之感，方能得心应手地工作。为身边琐事所纠缠，对于他来说简直是种折磨。

在他塑造的成千上万的人物形象之中，他没有遗忘过一个。他说，只有预先回忆一下以前是否用过这个形象，然后才能决定是否让人动手勾画草图。因此，在他笔下，从来没有重复现象。在艺术上他表现出让人难以想象的多疑和苛求。他亲手为自己制造锯子、雕刀，不管是什么细枝末节，他都

■圣家族 油画

米开朗琪罗笔下的人物崇高而平静，本人性格却怪僻而不可捉摸。

不信任别人。

　　米开朗琪罗追求完美有时达到苛刻的程度，一旦他在一件雕像中发现有错，他就将整个作品放弃，转而另雕一块石头。这种追求完美的理想使他毁掉了不少成型的作品，甚至在他的才华达到炉火纯青的地步时，他所完成的雕像也并不多。有一次，他在一刹那间失去了耐心，竟打碎了一座几乎峻工的巨大群像，这是一座名叫《哀悼基督》的雕像。

　　米开朗琪罗一生孜孜以求，从不懈怠。一天，红衣主教法尔耐兹在斗兽场附近与这位已是风烛残年的老人在雪地里相见了，主教停下车子，问道："在这样的鬼天气，这样的高龄，你还出门上哪去？""上学院去。"他答复道，"想努一把力，学点东西。"

　　骑士利翁纳是米开朗琪罗的门徒，他曾把米开朗琪罗的肖像刻在一块纪念碑上，当他向米开朗琪罗征求意见，问他想在阴面刻上什么的时候，米开朗琪罗请他刻上一个盲人，前面由一条狗引路并加上下面的题词：我将以你的道路去启示有罪之人，于是不贞洁的心灵都将皈依于你。

　　人们认为一般艺术家都有怪癖，但米开朗琪罗的性格确实十分独特。这位伟大的艺术家的创作与其性格竟是什么关系呢？可能性格之于人就像双刃剑吧。

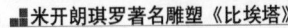
■ 米开朗琪罗著名雕塑《比埃塔》
描绘死去的耶稣躺在圣母膝上的情景，比埃塔的含义是圣母玛丽亚悲痛地抱着耶稣的尸体。通常这样的人物形象会痛苦不堪，但作者采取了古典主义的节制表现法，使人物显得更加崇高神圣。

■ 圣彼得大教堂
米开朗琪罗曾任圣彼得大教堂的总设计师

名人

■达·芬奇的诞生地——托斯卡纳地区的小城镇芬奇

达·芬奇
神奇的创造力来源于他人吗？

意大利文艺复兴时代的伟大先驱列奥纳多·达·芬奇，是举世瞩目的旷世奇才。达·芬奇才华横溢，知识广博，在许多领域都有建树。他不仅在绘画、雕塑等艺术领域取得了极为丰硕的成果，而且在物理、数学、解剖、地质学、天文和建筑、工程制造方面都有很高的造诣，在这些学科领域中他无愧于"杰出创造者"的称号。就是现代科学家也十分惊讶于达·芬奇的精深的知识结构以及惊人的天赋。因为人们几乎不能相信上天会慷慨地把盖世奇才和美德完美地赋予一个凡人。而天才达·芬奇却能集这两者于一身，在世界人物史上也很鲜见，他为何如此幸运地得到上苍的青睐成为一个难解之谜。

欧洲一些专家学者近年来广泛而认真地研究了达·芬奇的生平，企图从中找到一些奥秘。有人用计算机分析了他一生的成果。结果令人们大吃一惊，若要完成他全部的绘画、雕塑、研究和各种发明等工作，就算一刻不停地做，需要的时间至少也是74年。这对他来说，简直不可能，因为他只活了67年。

人们从达·芬奇的生平中，还能隐约感觉到某种神秘之处。他一无家庭，二无亲友，终其一生都在躲避着那些

■达·芬奇像

被他称为"多嘴的动物"的女人,他隐秘的生活使他从事的事业非常机密。这更使专家们怀疑,达·芬奇可能是得到了神秘人物的帮助。否则,一个人的精力是有限的,如何能取得如此大的成就?

达·芬奇的社交圈很狭小,这就使人们很容易对达·芬奇唯一的仆人托马兹·玛奇尼产生兴趣。托马兹·玛奇尼是一个时刻跟随在达·芬奇左右的人,他是一位面目慈祥、体格强壮并有一双智慧之目的中年术士,阅历十分丰富,曾到过东方,受到过东方圣人和统治者的接见,还带回了大量的古阿拉伯和古埃及的书籍。据记载,他是一位出色的水力专家、雕刻家、机械师,同时对炼丹术和妖法极为热衷,只是因为他身份低微,故不为人们所知。有些学者从这些史料中得出结论:托马兹·玛奇尼是达·芬奇的有力合作者。

■ 圣玛丽亚教堂

在文艺复兴时期的艺术家们看来,美来比例的和谐,即物体各部分的完美对称,这座建于文艺复兴时期的圣玛丽亚教堂便体现出了第一流的比例,成为该时期建筑风格的典型代表。

但大多数历史学家对上述的观点颇有微词。他们认为,托马兹·玛奇尼这个人物是人为臆造的,并不是历史人物。

有些专家认为,达·芬奇可能是立足于古人的创造发明并对它们进行了再创造和改良而得到如此丰硕的成果的。他们指出,类似直升机的画,早在达·芬奇之前的佛

■ 最后的晚餐 壁画

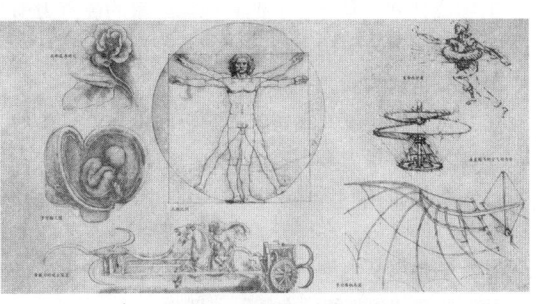
■ 达·芬奇绘制的各种设计草图

达·芬奇的才华并不仅限于绘画方面的成就,在他记录幻想发明和观察自然现象的笔记本中,同样显示了他在其他领域中的才能。如此丰富的创造都出自一己之力吗?

来米派艺术家手稿中就已出现过,与达·芬奇后来的设计很相像。另外,有记载表明,达·芬奇与东方祭司相交甚密,长期往来。他可能从这些古代文明的传继者那儿,得到许多人类知识的精华。

对达·芬奇一生的创造也有人表现出不以为然的态度。他们指出,达·芬奇的科学创造,都只是停留在构想阶段,与真正的科学发明有着本质的区别。但是,持这种观点的专家不得不承认,达·芬奇是一个集崇高美德和天才智慧于一身的奇才。

哥伦布发现美洲大陆是阴差阳错吗？

哥伦布发现美洲大陆的事实早就被载入了史册，而他本人也因此彪炳千秋。距哥伦布发现美洲大陆到现在已有四五百年的历史了，有关哥伦布的传说仍在大西洋两岸流传着，传说中这位航海英雄只是阴差阳错地发现了美洲大陆。但是，进入20世纪以来，人们便逐渐对这些说法产生了怀疑。

许多历史学家会提出这样的问题，哥伦布如何会犯下这种错误？大量证据显示出他发现的地方既不是日本也不是中国，他为什么在此情况下还一再坚持说他发现的地方就是印度，居住在当地的人就是"印度人"呢？在一些历史学家看来，哥伦布从没想过要去亚洲，他的"雄心勃勃的印度计划"只是为了把其他探险家的注意力引开而精心设计的一个障眼法。他们认为哥伦布的目标从一开始，就是去发现新大陆。

■哥伦布像

哥伦布向世人宣布，他是以印度作为目的地的，他那个时代的编年史家们相信了他的这种说法。

哥伦布在1492年10月21日，登上了一座在他看来极为偏远的岛屿，在当天的航海日志的一开始他就写道，亚洲大陆仍然是他的航行目标，他要亲手把伊莎贝拉和斐迪南写的介绍信交给"大汗"，即中国的皇帝。哥伦布在返回西班牙途中，给伊莎贝拉和斐迪南写了一封信，其中谈到他建立了一座将有利于"和邻近的大陆……以及大汗做一切交易"的要塞。

从这些资料中，我们可以推断出哥伦布的航向和他的目的地。

■地理大发现时期航海家们在测量纬度

为哥伦布辩护的多为传统主义者。传统主义者们在著名的航海家萨穆埃尔·埃利奥特·莫里松的领导下，回应了这些质疑，他们说《授权条款》虽然没有非常明确地提到印度，但它所规定的哥伦布享有利润的份额中所罗列的宝石、

114

珍珠，以及香料等，全部都是亚洲的产品，因此，他的目的地显而易见。

哥伦布发现美洲新大陆的航行只是他4次航海生涯中的第1次；其后，他又在1493年、1498年和1502年先后3次前往那里。持与比尼奥德特相同观点的人推测，哥伦布在途中肯定曾注意到他所发现的这些岛屿与约翰·曼杰维利以及马可·波罗所描写的地方完全没有共同之处。日本和中国等伟大帝国究竟在何处呢？金屋顶和大理石街道到底在何处呢？这里所有的，只是一些原始的村落。

可能直到第3次航行时，哥伦布才把事情的真相搞清楚了。他在1498年7月航抵了今天委内瑞拉的帕里亚海湾，才开始觉得可能这里并不是中国海岸线外围的岛屿。眼望着宽阔的奥里诺科河三角洲，他估计如此多的淡水只有可能来自一块具有相当大规模的陆地。依照拉斯·卡萨斯的记述，哥伦布在航海日记中曾这样写道："我相信这块陆地是相当广袤的，迄今为止，我们仍对它一无所知。"

但在这短暂的清醒之后，哥伦布再次陷入了比他最初的"关于印度的伟大事业"更荒诞的想法之中。他把这块新大陆当作"人间天堂"，认为它是传说中的伊甸园。对此，他还做出了进一步的解释，因为它"就位于被权威人士认作是天堂的所在地的赤道附近"。

哥伦布很可能到死时还一直相信他去过的地方就是印度。如果事实真如此，那么哥伦布的目标专一和倔强可真是天下无双；如果不是这样，他绝不可能对他在以后的航海中所得到的证据视而不见——当然也包括他第一次航海中所得到的证据。不管怎样，无论哥伦布的意图究竟是什么都不重要，我们只要知道美洲大陆的发现为人类文明

■斐迪南和伊萨贝拉的木刻雕像
哥伦布出行前在葡萄牙寻求支持者未果，后来得到西班牙统治者斐迪南和伊萨贝拉的支持。

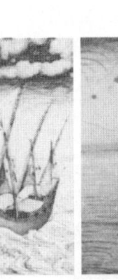
■哥伦布的荣誉徽章
其中铁锚代表了他的称号"海军大将"。

史增添了重要的一笔。在这块富庶的土地上，后来曾发生许多历史事件，世界史从此改写。丑恶与美好并存，财富与贫穷同在，历史短暂而又意义深远，这些在哥伦布当初也许都没有料到吧。

牛顿精神失常之谜

坐在苹果树下的牛顿并非一生正常,据了解,这位卓越的英国科学家曾在50～51岁时一度精神失常,两年后才有所好转。这是怎么回事呢?

有些学者推测,这是他长期极其紧张地工作、长期用

■牛顿肖像

■剑桥大学木桥

■牛顿的办公桌

脑过度而造成自主神经功能紊乱的缘故。

也有许多学者不赞成这种猜测,他们认为,牛顿之所以精神失常,主要原因是由于长期形成的心理机能障碍在外在因素的刺激下引起心理异常的结果。1677年,他的恩师巴罗和皇家学会干事巴格相继去世,这使他异常悲伤、情绪低落,曾使证明万有引力定律的研究工作一度中止。1689年,他母亲的逝世使他陷入悲伤痛苦的深渊,再加上一场无情的大火将他多年心血凝成的重要论文原稿烧毁而对他精神产生了沉重打击。在这一系列打击面前,牛顿精神失常也就不足为怪了。

曾经有两位研究牛顿生平的学

者，获得了牛顿遗留下来的几绺头发。他们发现牛顿头发中含有高浓度的有毒微量金属元素，其含量高出正常人许多倍，尤其是汞的浓度令人害怕，汞在他体内的积蓄量比允许值超出了20倍。许多学者由此断定：由于牛顿长期进行物理、化学实验，经常暴露在一些有毒金属的蒸汽中，尤其是长期接触汞而终致汞中毒，他们推测，汞中毒引发了牛顿的精神失常。

但以美国科学家狄士本为代表的一部分学者认为这种推测是不可靠、不可信的。这是由于：首先，今天人们已根本无法证明这几绺头发是牛顿精神失常时期还是其他时期的头发，而不同时期的头发，所含微量金属元素的种类和数量是大相径庭的；其次，头发中所含微量元素会受不

■画家威廉·布莱克所绘的牛顿
这幅充满寓意的绘画表现了牛顿作为一名伟大的科学家专心研究的一面，也暗示了作为一名狂热的炼金术士沉迷宗教的结局。

同环境因素的影响而发生变化，而牛顿这几绺头发分别保存在不同的地区不同的环境中，历经250年，在漫长的年代里，遭受到了不同的外来环境因素的干扰与影响，也可能吸收了外界中其他有毒物质而发生变化，即使这几绺头发是他精神失常时期的头发，保存到今天已是面目全非了。最后，据学者们调查表明，即使在牛顿发病期间，也未出现牙齿脱落、手指颤抖等能证明汞中毒的任何迹象。因而他们认为，牛顿的精神失常的病因是心理方面的而不是生理方面的。他的病症是现今所谓的临床抑郁症，绝非汞中毒。

以上所列举的种种推测都极有可能是导致牛顿精神失常的主要原因。但真正确凿可信的病因，还有待科学家们进行更为深入的全面研究方可知晓。让我们拭目以待。

■画家笔下童年时代的牛顿
性格忧郁，喜欢沉思，神情脱俗。牛顿以后的伟大和精神上的矛盾此刻已有所流露，预示着这位巨人一生的命运。

名人

安徒生是丹麦国王的私生子吗？

▎安徒生像

丹麦著名童话作家安徒生的童话故事伴随着一代又一代的孩子度过了美丽而快乐的童年。他的故事中多写到王子和公主的美丽的爱情故事，人们不禁发出疑问，这是安徒生暗示其真实身份还是他对幸福美好生活的向往的体现？权威的传记作家们以不容置疑的语气告诉我们，1805年4月2日，这位伟大的童话作家出生在丹麦富恩岛上的欧登赛城中一间又矮又破的房子里。他的父亲是一位整日为生活而忙碌的鞋匠，他的母亲则是一个非常迷信的洗衣妇。贫穷的童年使安徒生走上了文学创作的道路。他陆续写出了《阿英索尔》、《维森堡大盗》等剧本，《阿马格岛漫游记》等浪漫幻想游记和《卡尔里·克里斯蒂安二世》等历史题材的小说。1835年他的第一本童话集出版。他的童话世界是美好幸福而快乐的，他知道这些童话对那些贫苦的孩子度过童年是有益处的。每年圣诞节他都出版一本童话书，作为礼物送给孩子们。这些礼物很多成了世界文学史上的经典名著。例如《丑小鸭》、《夜莺》、《皇帝的新装》、《卖火柴的小女孩》、《海的女儿》等。写作将近40年，发表160多篇作品的安徒生是丹麦人民的骄傲。

安徒生是平民百姓之子还是一位落难的王子？丹麦人对权威传记作家们所提供的论证并不信服，据说几百个丹麦人曾在1990年，到作家故乡的欧登赛大学举行了听证会，研究安徒生的身世之谜。历史学家廷斯·约根森写了《安徒生——一个真正的童话》一书，书中说安徒生其实是丹麦国王克里斯蒂安八世和劳尔维格伯爵夫人的私生子。在他出生后，王室把他安置在了安徒生父亲——这个欧登赛鞋匠的家中。做出这种推论的根据是安徒生是一个鞋匠的儿子，身份低微，可是后来竟能进入上流社会，出入于皇家剧院，甚至在皇家宫殿中阿马林堡宫居住了一段时间，如

■ 安徒生笔下的美人鱼

果没有王室的暗中帮助，这些是不可能的。丹麦作家皮特·赫固也有类似看法，他提出了另一种根据，一位海军上将的女儿亨丽艾特·吴尔芙1848年给安徒生的信中曾提到安徒生自己也发出自己是"王子"的慨叹。

但是听证会上许多人感到疑惑的是，安徒生在《我一生中的童话》这本自传中为什么没有提到自己是王子，甚至连暗示也没有呢？有的学者找到了180多年前教堂户口登记册的复印件，登记册上记录了1805年4月2日凌晨1时，鞋匠汉斯·安徒生与其妻子安娜喜得贵子，并且记录了安徒生是在4月16日那天受洗礼的。

丹麦著名历史学家塔格·卡尔斯泰德为了解开安徒生出生之谜，翻阅了大量有关那时国王克里斯蒂安八世的档案，档案表明，国王和贵族与平民妇女偷情的问题是存在的，而且很有可能生下孩子。国王处理这种情况的方法就是给那个妇女写信，并寄去一笔钱用以抚养孩子。

安徒生是否是落难的王子也许并不重要，人们只不过是对这位作家想了解得更多一些罢了，重要的是他的作品享誉全世界，他创造的美妙的童话世界给孩子们幼小的心灵增添了不可或缺的美丽回忆。

■ 安徒生和丑小鸭雕像
《丑小鸭》的故事充满隐喻色彩，是否暗示了安徒生真实的高贵身份？

音乐大师贝多芬猝死之谜

■贝多芬的遗物

■贝多芬肖像画

天才似乎总要受到更多的磨难,世界音乐史上最伟大的音乐家贝多芬便是这样。他一生与病痛为伴,饱受折磨,尤其是耳朵失聪几乎要断送了他的音乐前程。由此他的精神支柱坍塌了,甚至曾一度绝望得企图自杀,终于,这颗音乐巨星于1827年3月26日下午5时30分陨落,给世人留下无限遗憾。

关于贝多芬是什么原因致死的,人们大都认为:这位作曲家的死是由严重酗酒而引起肝病所致,他在55岁时发现患有严重肝病。但是英国尤维尔区医院风湿科顾问医师帕尔福曼对这种看法提出了异议。他认为折磨这位作曲家的许多病痛是一种少见的风湿病引起的,这种少见风湿病会使身体的每个器官发炎,并逐渐侵袭全身。贝多芬禁不住要自杀主要应是因为这种病痛非常剧烈。最后,贝多芬被这种风湿病折磨致死。他还认为,如果用现代的类固醇给他治疗,给他做肝脏移植手术,贝多芬可以多活许多年,足以让他完成"丢失"的第十首交响曲。

法国著名作家阿尔方斯·卡尔是贝多芬的同时代人,他的《在椴树下》一书为贝多芬之死的原因和具体情况提供了新的线索,并详细介绍了作者自己的观点。他写道:作曲家死前不久的一天,他的侄子来信说自己在维也纳被牵连进一桩麻烦的事件中,只有伯父出面才可以帮他脱离困境。贝多芬接到信后立即徒步上路。夜宿于一家农舍,到了夜里,贝多芬感到浑身发烧,疼痛难忍。他辗转反侧,难以入睡,于是爬起身,赤着双脚到田野里徜徉。由于时间待得太长,夜寒侵骨,回来时他已冷得发抖。主人从维也纳请来一位医生为其诊治。最后医生确诊为肺积水。医生说他的命已危在旦夕。得知贝多芬病重的消息后,德国著名钢琴演奏家和作曲家胡梅尔来看他,但贝多芬已无法与其交谈,他仅用饱含感激的目光凝视着他。胡梅尔通过听音筒向他表示他的悲伤之情。贝多芬以听音筒依稀听见几句大声地喊叫之后,顿觉畅然,他两眼灼灼生辉,对老朋友说:"胡梅尔,我果真是个天才吗?"说完后,他张大嘴,两眼直勾勾地瞪着胡梅尔,溘然长逝。

另外,还有一些研究专家试图从贝多芬的家庭关系上来揭开作曲家的死亡之谜。我国学者赵鑫珊在《贝多芬之魂》一书中认为:贝多芬侄儿卡尔长期的烦扰,大大损害了他的健康,给他的精神带来了莫大的痛苦,导致他过早地离开了人世。他的侄子在别人面前称呼贝多芬"老傻瓜",而且只要人家看到他同这个"老傻瓜"在一起,他就觉得丢脸。只要贝多芬对他稍加严格,言语过重,这个无赖就会用自杀来威胁。但是尽管如此,贝多芬对他慈父般的爱还是有增无减,并且一再容忍他。1826年12月1日,卡尔不听贝多芬之劝,硬要去军队服役,贝多芬只好陪他上路。就是在旅途上贝多芬得了严重风寒,从此一病不起。他回到维也纳时,完全是个去日无多的老人。可是伯父卧床不起的消息传到卡尔那儿后,他竟无动于衷,依然自娱自乐。严重的肺炎过后,接着便是肝硬化,最后引起水肿。有的学者非常明确地说:实际上,贝多芬是被侄儿气死或逼死的。

贝多芬真的是死于酗酒所致的肝病吗?亦有人说他的耳聋和他在爱情上的失意使得他的身心遭受极大的创伤,由此而抑郁成疾。有关贝多芬的死因我们现在去探究似已无必要,我们对他更多的只是崇敬和景仰罢了。

■第九交响曲乐谱及贝多芬的助听器

■维也纳国家歌剧院
与米兰斯卡拉歌剧院、纽约大都会歌剧院并称"世界三大歌剧院"。

凡·高开枪自杀是精神失常了吗？

现代印象派绘画艺术的杰出代表——凡·高，具有非凡的绘画才能，他的绘画作品在他死后才被世人视为珍品，他也由此享誉全球。然而他生前命运多舛，贫困、疾病、饥饿以及天才的不得意使得凡·高的境遇十分凄惨。最后，在1890年6月29日他开枪自杀，因伤重不治而亡，年仅36岁。

近年来，随着对凡·高所代表的印象派绘画艺术欣赏和理解的人的增多，有关凡·高生平的研究也得到越来越多的关注和重视。这位艺术家的死成了人们关注的焦点。他选择以自杀的方式离开这个世界究竟是出于什么原因呢？有一点似乎非常明显，这是他的精神失去控制后，在失常情况下所采取的非理智行为。可是，凡·高精神失常的原因又是什么呢？对这个问题的探讨早已在文化界、艺术界乃至化学界、医学界的专家和学者们中激烈地展开了。

从不同的角度出发，学者们提出了许多不同的观点。

这些观点一般分为两大类。第一类是由医学界、化学界的专家所持的自然原因观点。他们从凡·高的生前嗜好、日常活动和生理疾病着眼，作出了不尽相同的解释。一些人认为：凡·高的精神系统被他的一些不良生活习惯严重地损害了，这直接导致他因失去控制而自杀。他们指出凡·高生前非常喜欢喝艾酒，而艾酒内含有对动物神经组织极为有害的物质岩柏酮，饮艾酒成了他的癖好，这严重伤害了他的神经系统。有大量的证据表明，凡·高体内含有相当惊人的高浓度的岩柏酮。他去世后一年，他的棺椁就被种植在他坟墓上的一棵喜欢岩柏酮的小树的树根紧紧包裹起来，后来为他移坟的人被迫连此树一起移走。也有人认为，凡·高有癫痫症，为了治疗而长期使用对神经系统有麻痹作用的药物洋地黄，最终因这种药物的中毒而导致神经损坏。

第二类观点认为，社会原因造成凡·

■ 麦田上的鸦群
这是凡·高最后的作品。低沉的天空、惊惶的鸦群以及具有强烈动势的麦田，真实反映出凡·高自杀前极度迷惘绝望的心境。

■ 凡·高自画像
这是凡·高自残一耳后的画像，此时他的精神已极不稳定。

高的精神失常。一种说法是：凡·高精神崩溃而自杀是因为对心理疾病和自身生理感到恐惧和羞愧。直至最后，持这种观点的人在大量研究历史资料后指出：凡·高死前不但患有严重的青光眼，而且还患有梅毒症。他自己也清楚，他不久将失去对画家来说最珍贵的视力，而且，他也有很强的"恋母情结"。这给他很大的精神压力，终使他不堪重负而崩溃。也有很多的艺术、文学界人士是从思想方面找寻原因的。他们认为，凡·高的一生虽然短暂，但历经了太多的磨难。他干过9种职业，四处颠沛流离，饱经了生活的艰辛和世道的不公。他渴望去拯救那些劳苦大众，可现实总是粉碎他的理想。这就足以使他对生活不再抱有希望。作为艺术家，绘画是他的生命。而且，他有极高的天分，极强的创造力。他从事绘画不过7年，就创作了大量水平极高的作品。可是在那个时代，世人并不理解和认识他所代表的艺术风格，因此作品一点销路也没有。在他生前，只有一两幅画被售出，以至于他不得不依靠弟弟的不断资助来维持生活。他本来已经脆弱的神经被这些无情的现实极大地撞击着，终于不堪重负，所以他才选择用自杀的方式逃避这个没有给他带来什么温暖和快乐的世界。

也许，单纯从某个角度来分析凡·高精神失常的原因都有失偏颇，如果能综合而全面地分析凡·高可能会得出对凡·高死因的最好的解释。不管如何，这位画家总算在死后能安息了。

■星夜 油画

这是一幅既亲切又茫远的风景画，画的主色调是蓝色和紫罗兰色，闪烁发光的黄色点缀其间。凡·高用火焰般的笔触来刻画景物，旋转的蓝色、黄色的天空似乎要把人带入奔腾的激流，这种感觉来源于他对色彩和形象高度敏感的心以及他那渴望理解的灵魂。

弗洛伊德放弃性诱惑论之谜

■ 弗洛伊德像

弗洛伊德是后世公认的著名的精神分析学家，同时他也被尊为性学的始祖。然而人们对弗洛伊德为何后来要放弃性诱惑论一事非常困惑，此事在当时也闹得沸沸扬扬。

1897年9月，在给弗烈斯的一封信中，弗洛伊德说："我想告诉你一个极大的秘密，这几个月来我一直被它所缠绕着，它就是我对我的性诱惑论产生的疑惑。"弗洛伊德不再相信性诱惑论。但他仍旧认为病人讲给他听的故事确有深意。批评家认为，弗洛伊德在他为何放弃性诱惑论上是撒了谎，他说谎的原因更加不可告人，他是为不想让别人发现他放弃性诱惑论的真正的原因而撒谎的。

杰弗里·马森是一位年轻的美国精神分析家。他在1980年以前，本应该顺理成章地继任国会图书馆弗洛伊德档案馆馆长一职。也就是在这个时候，马森把弗洛伊德写给他的朋友弗烈斯的信件全部看了一遍。弗洛伊德的书信选集，曾在1950年由弗洛伊德的女儿安娜·弗洛伊德编辑出版。但通过进一步检查档案，马森发现选集中遗漏了大量信件，马森在进一步查证之后，发现这些遗漏的材料与弗洛伊德的性诱惑论有关。这些信件说明弗洛伊德并没有像后来自己指出的那样坚决而迅速把这一理论抛弃；相反，他一直坚持这一理论有数月、甚至数年之久，他希望这些理论的正确性有一天能被证明。

弗洛伊德为什么会把自己的发现放弃了呢？马森推断，当时因为这一理论，弗洛伊德不但已受到同事的中伤，而且更因为到处泛滥的猥亵的说法而被含蓄地指控。由于弗洛伊德迫切地想得到同事的支持和赞同，所以就宣布不再相信这一理论。马森在他出版于1984年的书中这样写道："我极不情愿地发现弗洛伊德之所以放弃性诱惑说是因为缺乏勇气。"

弗洛伊德在给一个病人弗烈斯的信中说，可能身心失调是引起埃克斯坦继续出血的原因，可笑的是，这个诊断荒谬绝顶，是对弗洛伊德

性欲望转移和压抑性欲望理论的很明显的模仿。马森认为从这个荒诞可笑的诊断中可以看出,弗洛伊德如何对他的同事曲意迎合,又如何急于把病人的病症归结在幻想上,而不认为是一次医疗事故。弗洛伊德不敢直接与弗洛斯发生冲突,因此,也就不敢对他所谓的鼻子理论进行批驳,更不敢说手术是被他搞糟的。同样,在性诱惑论上他也是如此。他不敢坚持自己的性诱惑论是正确的,不敢说在全国猖獗的令人不悦的猥亵事实是正确的,怕把他与那帮维也纳同事的关系搞僵。

但大多数思想史学者则认为,弗洛伊德放弃性诱惑论的动机不像马森说的那样猥琐和卑鄙。他们认为,弗洛伊德过于简单的叙述,虽然是对事实的不忠,但却是为了使叙述更为夸张而采纳的方法。

许多学者认为,实际上,放弃性诱惑论不失为英明之举,因为弗洛伊德认为儿童幻想同他们的父母发生性行为的观点,要想得到医学界的认同,非常困难。至少,与猥亵儿童现象猖獗的观点相比,"恋母情结"要更加激进一些。因为猥亵儿童现象已经被许多医生证实确实存在,但人们之于"恋母情结",除了知道它是源于一个希腊神话外,其他便一无所知。

心理学大师弗洛伊德为何要放弃性诱惑论似乎给人们出了一个难题,他此举到底是出于何种原因,也许用他的心理学学说来分析他的行为会取得意想不到的收获。

■母亲和婴儿 油画

在弗洛伊德看来,即使是幼儿也有性欲,母亲则是他第一个恋爱的对象,也是他第一个发泄爱欲的对象。正是这种理论使弗洛伊德不堪舆论重负吗?

■1885年弗洛伊德和玛莎在一起

名人

普希金之死和沙皇尼古拉一世有关吗？

■普希金像

普希金是19世纪俄国著名的诗人。1837年2月，他在与情敌丹特斯的决斗中身亡，俄国文坛从此陨落了一颗巨星。诗人的英年早逝震惊了俄国人民，人们纷纷举行活动悼念这位伟大的诗人，同时也在思考着普希金死亡背后的真正原因。

年轻的普希金风流倜傥，才华横溢，很早便显露其诗人才情。他在与莫斯科的绝色佳人娜塔莉娅·尼古拉耶芙娜·冈察洛娃相遇后，二人便一见钟情，共同坠入爱河。不久之后便结为夫妻。

几年后，沙皇禁卫军军官、法国纨绔子弟乔治·丹特斯在一次舞会上偶然结识冈察洛娃，对她展开猛烈的攻势。普希金对这位第三者，气愤之极。对于他人的夺己之爱的企图，他无法容忍。普希金为了维护自己的尊严与名誉，

毅然决定同丹特斯决斗。奸猾的丹特斯在普希金尚未准备好时便开枪击中了普希金的要害。因枪伤严重，一代诗豪终于不治身亡。

俄罗斯人为诗人的悲惨命运而流泪，人们要求惩治凶手。但普希金难道真的是死于情场上的一场决斗吗？

在对有关史料做了详细研究后，有关专家指出：普希金之死，完全是一个阴谋。

原来沙皇尼古拉一世在此之前，就已经觊觎普希金妻子冈察洛娃的美色。丹特斯受沙皇指使，在各种公开场合引诱冈察洛娃，故意把普希金激怒，使其与他决斗，趁机把普希金杀害。此外，这件事也被沙皇在上流社会大肆传扬，致使普希金被多次中伤，名声大损，由此也挑起了这场血腥决斗。

普希金之死倒底谁是真正的凶手？这位"俄罗斯诗歌的太阳"为何在如日中天时突然失去光芒，人们对此一直心存疑惑。我们在诵读诗人美妙诗句的同时也希望能早日找出杀害诗人的真正的凶手。

■普希金纪念碑

■反映普希金与丹特斯决斗的油画

■普希金的妻子娜塔丽亚·尼·普希金娜

名人

托尔斯泰晚年离家出走之谜

赤脚的托尔斯泰

列夫·托尔斯泰是俄国著名的大文豪,其一生创作颇丰。他的作品对欧洲文学影响极深,在世界文学史上也占有一席之地。这位享有世界声誉的作家晚年却做了一件让世人皆惊的事,即离家出走。托尔斯泰为何要离家出走,这还得从他晚年的思想变化及其生活说起。

晚年的托尔斯泰开始笃信宗教,宗教观、社会观都发生了很大的变化。73岁时,托尔斯泰回到了故乡雅斯纳雅·波良纳庄园。然而晚年的托尔斯泰对他庄园的看法也发生了许多变化。他开始习惯于关注在他的农田上辛苦劳作的农民们,这些贫苦可怜的农民让托尔斯泰感到不安与自责。

为了减轻自己的内疚感,托尔斯泰开始改变自己的生活方式,甚至开始自我折磨:他变得厌恶人情世故和亲友间的应酬,也拒绝出席贵族的宴会。他经常戴着草帽,穿上旧衣服,脚踏树皮鞋,在农田里干活。

到了后来,托尔斯泰想要解放他的那些农民,把田地分给他们。同时,他也打算把他全部著作的版权,无偿地献给社会。

托尔斯泰不顾妻子反对,最终公开发表声明:从1881年以后他出版的任何作品,可以由任何人免费出版。

在这样一个阶级社会里,托尔斯泰的朋友亲人都不理解他的社会观、宗教观。在家里,家人不时与他发生冲突;在社会上,许多报刊攻击他;科学家、家教界、沙皇政府都表示对他不满。

托尔斯泰在波良纳的故居

正在作家受到了孤立与打击之时,切尔特科夫出现了,他用花言巧语取得了作家的信任,在作家生命的最后9年,切尔特科夫在老人众多家人、随从者中地位最特殊，对老人的思想也影响最大。

其实这个家伙的真正目的，是要夺取托尔斯泰那些作品的继承权，尽管作家自己的许多朋友都知道切尔特科夫的险恶用心，但他们都没有敢直接告诉托尔斯泰。

本来，作家的日记都是由妻子保管的。但由于与妻子产生了矛盾，再加上切尔特科夫的花言巧语，托尔斯泰把他最后10年的全部日记都交给了切尔特科夫这个骗子。

妻子索菲亚也敏感地猜到了发生的事情，她对此非常痛苦，脾气也越来越坏，把怒气全都撒在了作家的身上。

1910年8月30日晚，她又和作家发生了激烈的争吵，她甚至愚蠢地说她并不是痛恨切尔特科夫，而是不能原谅托尔斯泰。对于妻子的愤怒与谴责，作家采取的是宽容谅解的态度，因为他在晚年一直奉行"不抵抗主义"，他总是把错误都想到自己身上，而尽量原谅别人的种种不对。在作家的最后一段岁月里，他的生活并不美好，他的周围充满了责难。为了能够平和地过完后面的日子，作家开始打算离家出走，以躲避这些纷争。

10月28日还不到早晨5点，作家就带着私人医生离开了波良纳。在火车上，作家病倒了。寒冷的天气使他不停咳嗽，并开始发高烧。他们在阿斯塔波瓦车站下了车，

■托尔斯泰在写作

■托尔斯泰亲自耕种

■托尔斯泰与妻子索菲亚一起用早餐

7天后他就病逝在这个荒凉的小站里。

有关托尔斯泰离家出走一事，很多专家和学者都曾对此进行过研究，许多复杂的因素纠合在一起促使这位巨匠做出了令人震惊之举，但这并不会影响这位文学巨匠在我们心中的地位。

"硬汉"——海明威自杀是因患有 ED 症吗？

海明威这位作为一代文风简约的语言艺术大师，其自杀之举引起世人的极大关注，各种各样探索海明威自杀之谜的作品不断涌现出来。归纳起来主要有两种观点：一种认为，海明威自杀是"精神抑郁症"造成的。另一种认为，海明威是因为对自己才思枯竭感到绝望而自杀。然而这两种观点都没有强有力的证据。肯尼思·林新近出版的《海明威传》，却给我们提供了思考海明威自杀之谜的新角度。

海明威自杀的真实动机始终没有定论，他在自己的遗嘱中是这样说的："我所有的希望已破灭，我那意味着一切的天赋如今已抛弃我，我辉煌的历程已尽，为维护完美的自我，我必须消灭自己。"但是，人们并不完全相信他自己对这一行为的解释。2000 年 7 月，人们从一本新出版的海明威传记中窥见了这个谜团的冰山一角。这本传记的作者是肯尼思·林，他在书中明确指出，海明威在其成名后的很长时间里，一种我们今天所说的 ED（勃起功能障碍）一直困扰着他，这种疾病严重地影响了他与几任妻子的关系和他相当一部分的家庭生活，ED 造成的强烈的心灵痛楚更是他最终自杀的重要原因。

有一系列事实可以作为海明威在晚年是一个 ED 患者

■ 正在创作的海明威

■ 诺贝尔奖章

的佐证。海明威于1961年6月因为被医生认为患有"精神抑郁症"而被安排住进了圣玛丽医院的"自杀看护部"。通过医院护士精心看护，他的精神状态有所好转；新的一轮电休克治疗重新唤醒了海明威的性欲。他向罗姆医生抱怨说欲火难耐，罗姆于是立即打电话通知海明威的妻子玛丽前来。玛丽高兴地赶到海明威就诊的医院，与丈夫度过了一夜。但事后据玛丽说，那一晚"双方都没有完全满足"。玛丽在其后几个晚上再也没有与海明威同房。据罗姆医生后来回忆，海明威曾多次要罗姆在他面前发誓，永远不要将自己患有ED病的真相告诉世人。海明威与前几任妻子的分手，好像也可以旁证海明威患有ED症。

在1961年6月，海明威与玛丽又经历了一次失败性的尝试之后，深深地对自己的ED症感到绝望，认为只有将自己的肉体消灭，才能维护自己的尊严。因此，海明威的自杀之举存在着一定的内在必然性。

纵观海明威的一生我们可以发现，在相当长的时间里，他的生活和创作一直都和ED对他的影响有密切的关系：ED首先将他的人格扭曲了，继而这种人格的扭曲又被带入了他的行为和创作中，最终彻底毁灭了他。在当今时代，有人会因为ED而自杀是一件让人难以想象的事情。人们不再会偏狭地认为自己会因为ED丧失了尊严，不会觉得ED可以将全部的生活摧毁。不仅如此，人们还有足够的机会获得帮助，还有足够的手段克服ED，而海明威那个时代，这一切是不能办到的。

有人认为：如果肯尼思·林的论述能够成立的话，或者说海明威确实是一个ED患者，那么海明威在各种作品中创作的"硬汉"形象只不过是作为一个幌子来掩盖自己作为一个ED患者的事实。

■胜利的海明威
海明威自豪地向人们展示一条重达400公斤的箭鱼。隐藏在充满男子汉气概的外表下的海明威是个性无能者？

■海明威夫妇
1953年，海明威和他的第四任妻子玛丽在哈瓦那皇家帆船俱乐部。

名人

世界历史未解之谜

毕加索是纵欲身亡的吗？

毕加索是20世纪绘画史上拥有极高声誉的画家，他的作品既继承传统艺术，又具有独创性，成为世界性的艺术瑰宝。这位具有无穷创造力的人，有着鲜明的个性。毕加索为了躲避人们对他的热情追访，隐居在坐落于山顶的一所别墅里，而且，他只接待他愿意会见的人。他一生之中，特别喜爱恶作剧和离奇古怪的花招。这些使他的死亡蒙上了一层神秘的色彩。

希腊女记者阿里亚娜·斯特拉辛奥波洛斯·赫因汤于1988年6月在美国出版了《毕加索——创造和破坏者》，书中向大家揭示了这位艺术大师的一些奇闻逸事。她认为毕加索性格专横粗暴、不负责任、自私自利、诡计多端。书中曾写到毕加索与一名年轻的茨冈人搞同性恋。后来，因为茨冈人离开了他，他发誓要报复。阿里亚娜还写道："毕加索在巴黎大街上与一名17岁的少女玛丽·特里萨·沃尔特相遇，并对她说：'我是毕加索，您和我在一起会成为名人的。我们在一起一定会快乐的。'"在他与妻子奥尔加科拉瓦一起度假时，他也把玛丽安排到附近。白天，他让玛丽当模特儿；一到晚上，他就找借口溜出去与玛丽幽会。自此以后，毕加索就开始纵欲，成了一个可怕的男人。后来，毕加索又抛弃了玛丽。于是很多人认为长时期的纵欲，是毕加索死亡的一个极为重要的原因。

在《住宅与庭院》杂志上，艺术史学家和传记作家约翰·查理森曾披露：在1915～1916年间，毕加索曾与一位名叫加布里埃尔·德佩尔·莱斯皮纳斯的巴黎妇女有过一段鲜为人知的罗曼史。查理森说，最令人惊奇的是毕加索曾在一张纸上写道："我已请求善良的上帝允许我向你——莱斯皮纳斯求婚。"此事也为纵欲一说提供了有力的证据。

还有的学者试图从艺术规律、艺术与女性的关系对毕加索之死进行探讨。毕加索在其一生的创作当中从无数个

■梦 油画

创作《梦》时，毕加索已47岁，他与一位长着一头金发、容貌秀丽的17岁少女玛丽·特里萨初次相遇。她那柔弱的气质和月亮般的美丽，使其成了毕加索的热恋情人和专职模特。

132

女人身上得到过灵感。如果艺术家的爱情、婚姻和家庭状态处在比较和谐美好的阶段，便会给艺术家创造良好的创作环境。感情因素在促成艺术家创作力爆发的各种因素中是一根"导火线"，毕加索的创作在与他的最后一任妻子雅克琳结婚之后又重新焕发了青春的活力。从毕加索最后10年的作品中我们可以看出，结婚后生活的安谧以及妻子的激励与迫近的死神之影相互交错。但是据学者、专家的考证，在毕加索生命的最后一年，毕加索钟爱的雅克琳"神经不正常"，使他感到无限痛心，这不能不影响到他的生活和创作。另外，从艺术创作规律来看，高峰期过后，便是无可挽回的衰退期，任何一位艺术家都无法摆脱这一命运，当然毕加索也不能例外。而毕加索最后几年的创作实际也充分证明了这一点。这两个原因，对毕加索的打击是很大的，毕加索就是在这种氛围下抑郁而死的。

有的学者则对这种观点提出了疑问，他们认为证据不足。由于毕加索性格非常古怪，喜欢独居，对许多事情避而不谈，这使得人们无从知道其死亡真相；再加上又没有详细的关于他死亡的报告，人们就会发挥想象纷纷去猜测了。也许感情生活曾经在画家的创作中占据着十分重要的位置，但画家是因纵欲身亡吗？我们不得而知。

■毕加索与弗朗索瓦在海滩游玩

■精力旺盛的毕加索
毕加索身披画布，一派恺撒大帝的风度，在向观众展示自己的作品。

梦露一夜走红好莱坞之谜

好莱坞著名性感女星玛丽莲·梦露在好莱坞群星中独具特色,她的大胆的表演曾让无数男人为之痴迷。然而她的星路之初并非坦途,她能有日后的出人头地还得从好莱坞导演伯纳德说起。

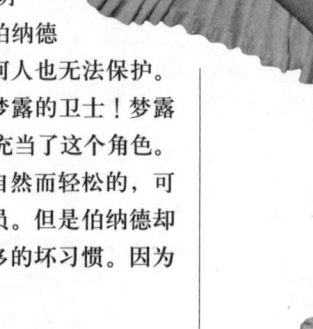

■ 梦露在《七年之痒》中的经典镜头

当时伯纳德已是小有名气的导演,已经为好莱坞的盖尔布、泰勒、佩克、海沃兹等电影明星摄影,因此一心想着出人头地。当他认识梦露后,美若天仙、皮肤浅黑的梦露已深深地把他打动。伯纳德成为第一个拜倒在她脚下的男人。因为在费尽心思为好莱坞制片公司四处物色天才明星的伯纳德看来,发现梦露对他来说正是一个千载难逢的机会。

于是这位孤苦伶仃的修鞋女工在伯纳德先生的推荐和帮助下开始了她传奇般的银幕生涯的第一步,并且一步步从社会底层走向世界影坛巅峰,成为许多男人心目中的美神,也开始了从落魄走向巅峰、又从巅峰走向毁灭的旅程。

伯纳德是第一个发现梦露天才的好莱坞人,这一点足以使他感到很骄傲。在此之前,梦露还是一个无依无靠的孤女,可是在她走上人生巅峰的过程中,伯纳德为她提供了不可缺少的条件,并且梦露对此也深有所悟。伯纳德很想成为梦露的保护神,把她那天真和冲动在阴暗的制片厂和摄影棚里保护起来,但是伯纳德没有办法做到,梦露始终是她自己,任何人也无法保护。这时,伯纳德内心产生了冲动,他要当梦露的卫士!梦露正需要这样的一个人,而伯纳德这时恰恰充当了这个角色。

在伯纳德的镜头前,梦露的状态是自然而轻松的,可以毫不夸张地说,她是几近完美的女演员。但是伯纳德却发现在她诸多优点的背后,也有许许多多的坏习惯。因为母亲去世后，梦露生活没有着落，可以说，她的精神非常脆弱。为了生计，她会去出卖色相。她动作一点不文雅，声音也不好，在镜头下更是有些别扭，这种情况只会使影片毁于一旦。可是，她的美艳绝伦和丰满火爆的身材足以迷醉任何男人，令他们心驰神往。所以，伯纳德耐心地引导她，耐心地教她表演动作，帮助她克服稚气女人的弱点。

机会终于来了，伯纳德在20世纪福克斯电影制片厂

■性感的梦露

■紧张的拍摄，令梦露苦不堪言，以致经常用烟酒和安眠药来麻醉自己。

■美貌与身材使梦露成为性感女神的化身

的朋友帮助了她，为她找到了一个参加彩排的配角机会，但伯纳德仍很担心，因为她没有经过正规训练，甚至没有上过中学。可是，出乎伯纳德的意料，梦露迅速地成熟起来，并且能很投入、感情充沛地表演角色了。不久以后，福克斯公司就和她签订了拍片合同。在随后的表演过程中，她已是轻车熟路，任何人都无法再为她导演了，她的表演天赋开始淋漓尽致地表现出来了，同时，这以后，她很少回伯纳德那去了。而这时的伯纳德还没有从她的变化中反应过来，还没有意识到这么快的变化到来了，梦露从一名天真少女开始走上了电影明星的道路。

梦露一夜走红之后便一发而不可收，这位拥有绝色天姿的女人从此便在戏里戏外演绎起自己的人生，最终香消玉殒于好莱坞浩瀚的星河中了。

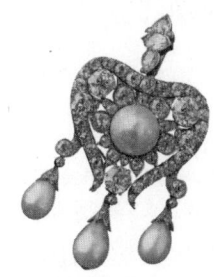
■梦露并不喜欢珠宝，但每次唱歌却总少不了那首"钻石是女人最喜爱的朋友"。

名人

世界历史未解之谜 名人

玛丽莲·梦露之死与肯尼迪兄弟有关吗？

好莱坞性感女星梦露以其美妙绝伦的身体征服了无数男人，然而这也将她带入了一个个险恶的旋涡里，但她身处险境而未自觉，终致死于不明之因。

1962年年初，有关总统肯尼迪与性感名星玛丽莲·梦露的关系已被美国情报部门掌握。

据彼德·劳福德说："她几乎迷上了杰克（肯尼迪）。她给自己编织了许多梦幻，有的简直是妄想：她想取代杰基成为第一夫人，想跟肯尼迪生孩子。就肯尼迪来说，跟她不过是逢场作戏，她却非常认真，有些痴情。她除了是妄想狂外，还是个卑鄙的小娼妇，她曾直接打电话给杰基要杰基把位子让出来。"约翰·肯尼迪在得到警告，说彼德·劳福德在垒塔·蒙尼卡海滩的屋子已被黑手党暗设了窃听器，他和玛丽莲私通的违法行为至少已有一次被录了音时，约翰·肯尼迪毅然决然断绝了他和玛丽莲的来往。

劳福德说："玛丽莲知道她和总统间的关系从此就要结束后，她怎么也无法接受。她一封又一封地给总统写些伤感的信，并且不断地给他打电话，甚至威胁说要找报社。约翰·肯尼迪不得已只好把罗伯特派去加州做她的工作。"罗伯特（波比）到了加州，安慰了玛丽莲，并与之友好交往。很快，他与玛丽莲就成了情侣。玛丽莲对此也很困惑，她好像再也说不清"波比和杰克之间有什么区别"。这时，福克斯公司解雇了她，随之，波比也逐渐从她身边撤退了。她出于焦虑而举止失常。

1962年8月4日，波比应玛丽莲之请去其在布伦特伍德的住处，交谈中，二人吵了起来。波比坚持要走，而梦露则坚持让波比陪她一下午。劳福德说："波比和玛丽莲来来回回吵了大约有10分钟。玛丽莲变得越来越歇斯底里。在盛怒之下，玛丽莲威胁说，她将把纠缠于肯尼迪兄弟之间的丑闻公布于众。波比也气得脸发青了，用很明确的语言告诉玛丽莲：'别再来纠缠杰克和他，不许再打电话，不许再写信，什么也不许！他们不愿再听她的！'"到这时，

■ 梦露的葬礼

梦露之死疑云重重，她与肯尼迪的绯闻使人们的眼光一度凝注到总统身上。

■ 宿命的启示

这张照片让人想到"耶稣受难"，而上面极具寓意的"X"，是梦露逝世前几天亲手画的。

■梦露在杂志上的封面照

玛丽莲几乎失去理智了,还没有意识到危险已悄然向她袭来。

当晚,玛丽莲·梦露就死去了,一代影星就此殒落。她死于自杀还是别的什么原因,无人知晓。

随后几天,各家报纸都以大字标题把玛丽莲·梦露的死亡作为头条新闻刊出了。这个消息一下传遍了全国。而波比却像没事人一般!对于玛丽莲的死,他没有一点反应。星期一,他在全国酒吧协会在旧金山的一次集会上发表演说,然后又带全家到西雅图参观世界博览会。

报社就玛丽莲之死去采访了杰奎琳·肯尼迪,要她发表评论,她只说了一句话:"她将一去不复返。"

1985年10月,玛丽莲·梦露死去23年之后,美国广播公司的电视台曾想播出一个探索波比·肯尼迪、杰克·肯尼迪与玛丽莲·梦露之间的关系的节目。公司的主任罗尼·阿尔里奇却于临播前一分钟下令取消了这个节目,说它不过是"闲话专栏之类的材料"。后来人们发现,原来阿尔里奇多年来就是肯尼迪家的忠实朋友。

玛丽莲·梦露之死的神秘面纱一直未被揭开,而与此有关的人也保持缄默,街头巷尾对其议论纷纷,然而其真相我们终很难知道,看来她只能死得不明不白了。

■肯尼迪兄弟一度是梦露生活的主角

"甲壳虫"创始人列农遇刺身亡之谜

著名的"甲壳虫"乐队曾经风靡全球,至今仍然深受人们的喜爱。1980年12月8日,乐队的创始人列农在纽约的达科寓所内遭遇枪击身亡。全世界都震惊于列农之死。热爱列农的人们对他的死充满了疑惑和不解:凶手为何要杀死列农?这是一次蓄意谋杀吗?

关于列农被杀的原因,目前尚未取得一致意见,主要观点有:

■演出之前乐队进行紧张的排练

■乐队到达美国时的情景

第一种观点认为,列农因拒绝为人签名而被人枪杀。以列农为代表的"甲壳虫"乐队在60年代主宰了摇滚乐,风靡全世界。他们的音乐、服饰吸引了众多的歌迷,也受到各种音乐爱好者的重视。这支独特的乐队成为英国利物浦的代表,很快便风靡欧美各国。列农是乐队的核心成员,他不但演唱出色,而且创作了不少美妙的歌曲,许多代表作品在国内外发行流传,这些使得列农拥有了越来越多的歌迷和崇拜者,这些人都以能得到列农的签名为荣。因此,有可能当列农拒绝为可能是歌迷或崇拜者的凶手签名时,便遭到了恼羞成怒的凶手的枪杀。

第二种观点认为是某些人想用制造轰动的事件来使自己出名,于是,凶手选择了声名显赫的约翰·列农。持这种观点的有约翰·列农的遗孀小野洋子。但是，赞同或附和这种观点的人不多。

第三种观点认为列农的被刺是一次蓄意谋杀，而且，凶手在谋杀前还做好了周密的布置。1981年，美国学者杰伊·科克斯在《时代》周刊撰文认为："有官方的记录，列农之死将被称为谋杀。这是一次暗杀，是他们无法理解的有意地凶杀。"科克斯认为是谋杀的理由有二，一是：事后查明，谋杀列农的马克·查普曼于谋害列农前两天赶到纽约，住在离列农家有几个街区的基督教男青年会里。但查普曼在谋杀列农前一天晚上离开了青年会，搬到谢拉顿中心的一家饭店，并且大吃了一顿，仿佛是为了取得某种值得自豪的成就预先慰劳自己。二是：在12月8日夜晚，查普曼在列农的公寓门口等到了列农。他从阴影中冲了出来，举枪朝列农射击，接连4发子弹击中了列农。警察抓住他之后，发现他身上还带有列农签名的纪念册。但科克斯没有说明查普曼为什么要杀死列农。有人推测查普曼可能是个患有歇斯底里症或是偏执狂一类的患者，这些人在情绪激动后便无法控制住自己的行为。

第四种观点在艺术界得到承认。艺术界人士认为列农被害的主要原因在于他的艺术实践和艺术主张。列农清楚地认识到摇摆舞音乐是一种巨大冒险和感情丰富的应用艺术，他们所创作的歌

■"甲壳虫"乐队演出

曲会使更多人起来反对摇摆音乐的欢乐和奔放。"甲壳虫"之所以在全世界轰动，是因为他们的理想主义走在时代前面，激励时代前进。列农的艺术实践和主张，具有鲜明的挑战意义，很容易遭到反对派的攻击和嫉恨。以上说明，列农常会处在易受攻击的地位，甚至有被杀的可能。而且，列农曾多次遭到别人的恐吓和攻击。1964年在法国举行第一次"甲壳虫"音乐会时，列农收到一张条子："我要在今天晚上9点钟把你打死。"据此，很多人推断查普曼很可能是一个言行和列农大相径庭的人，故而枪杀了列农；或者是受雇于人的凶手。

列农离开歌迷们已有20多年了，每年在列农的忌日都有歌迷组织各种活动来纪念这位欧美摇滚巨星，然而有关他的死因至今仍没有确切的答案，歌迷们都为之遗憾。

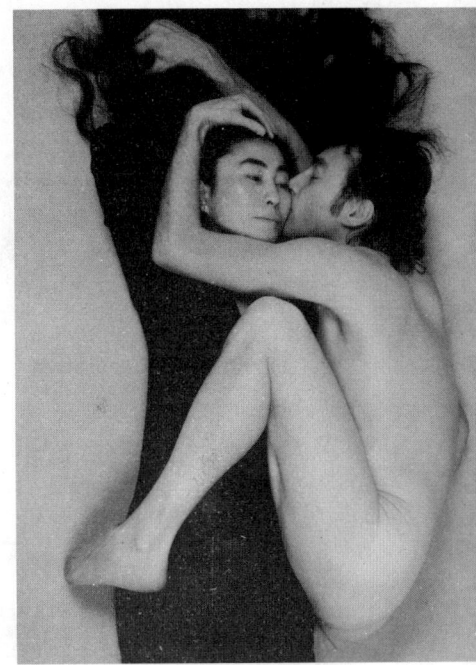
■列农遇刺前与妻子最后的合影

■古朴典雅的日本传统建筑

日本作家川端康成为何自杀身亡？

日本诺贝尔文学奖获得者川端康成因其独具特色的作品而享誉全世界，他的作品低沉晦暗，给人以心灵的震颤。这位作家的死也同样让人震颤。在功成名就之后，川端康成却以自杀结束了自己的生命。人们不禁纷纷猜测：川端康成到底出于什么动机才会自杀呢？关于他自杀的原因和动机，人们众说纷纭：

第一，摆脱病魔缠身说。川端康成自杀的第二天，《朝日新闻》刊登了一篇报道说："他死后已经过去一夜，但他的亲朋好友们似乎仍然满腹狐疑，许多人猜想说或许是

川端康成像

得了'癌症'。"

第二，安眠药中毒说。经常为川端理发的理发师猪濑清史提供了川端死前一周即4月10日的一个细节："那天去为川端先生理发。当时他躺在床上，不断地挪动身体、拂掉头发等，显得十分急躁。我说：'你太累了吧。'他说：'我已经4宿没睡觉了。'"这样一来，安眠药的问题就不能不引起人们的注意。川端开始服用安眠药是在第一高等学校学习时，他年轻时就睡觉轻，神经敏感，不得不服用安眠药。这个习惯即使在结婚后也仍然没有丝毫好转。根据川端康成的这些安眠药中毒症状，日本一些学者和研究人员认为，川端康成是死于安眠药中毒。

第三，思想负担过重说。1968年川端康成获得诺贝尔文学奖后，日本举国上下为他欣喜若狂，媒介连篇累牍地报道此事，而且裕仁天皇通过宫廷的一位高级官员以及佐藤首相亲自打电话向他表示祝贺。这以后，川端康成未能再写出传世之作，作为社会名人的川端因而思想负担过重，自杀成为他摆脱负担的方法。

第四，精神崩溃和文学危机说。在日本帝国主义发动侵华战争期间，他充当日本帝国主义侵略军的新闻记者，窜到中国进行罪恶活动。日本投降后，他为日本帝国主义的失败而惋惜不已，在《悼岛木健作》、《武田麟太郎和岛木健作》等文章中写道，日本投降后，他的"忧伤"已沁入骨髓，他要用文学创作活动，使日本人去"感觉什么是真正的悲剧和不幸"，流露出对日本战败投降的惋惜和悲伤。学者们着重指出："川端在政治上的堕落必将招致精神上的崩溃和文学上的危机，这使他必然走上自杀之路。"

第五，三岛由纪夫自杀打击说。日本有的学者和文学家在推测川端的自杀动机时，认为三岛由纪夫的自杀最终导致川端走上绝路。

第六，支持秦野竞选失败说。很多日本学者支持这种观点。川端曾公开支持警察头子秦野竞选东京都知事。川端原以为凭自己的地位和名望，秦野竞选定能成功，岂料却以失败告终，川端受不了这个打击，只好在自杀中求得慰藉。

有关川端康成自杀的原因，研究者直到现在还不能给出明确的结论。川端康成的创作活动较为复杂，其前后期的创作也表现出不同的政治倾向，另外，川端在死前也没有任何迹象表明他会以自杀来了结生命。

■川端康成获诺贝尔奖时的情景

■三岛由纪夫自杀的报道
三岛由纪夫自杀轰动一时，给川端康成沉重阴暗的心又蒙上一层阴影。

■川端康成自杀现场
川端康成个性敏感脆弱，他的自杀并不奇怪，但究竟因何而起呢？

世界历史未解之谜
科技
Science And Technology

宇宙是由大爆炸产生的吗？

宇宙是怎样起源的？这是当今最大的谜。目前，在这一问题的研究中，大多数科学家接受的是"大爆炸宇宙学"。这一学说认为，一个温度极高、体积极小的奇点是形成宇宙的最原始物质。在距今150亿～200亿年前，由于某种特殊的物理原因，这个火球发生了大爆炸。物质的密度随着空间膨胀、温度降低逐渐减小，原始存在的质子、中子等基本粒子结合成氘、氦、锂等元素，这些元素又逐渐形成星系、星系团，并逐渐形成恒星、行星，而且在漫长的历史时期里，一些天体上还出现了生命现象，成为今天这个样子的宇宙。

有利于大爆炸学说的证据越来越多。在1991年4月23日的美国物理学会会议上，天文物理学家乔治·穆斯特宣布，他领导的科学小组发现了宇宙诞生初期的物质云团，从而给大爆炸学说以强有力的支持。他们的这一发现引起世界科学界的极大关注，斯蒂芬·霍金被认为是继爱因斯坦之后最杰出的物理学家，他于4月24日发表声明说：

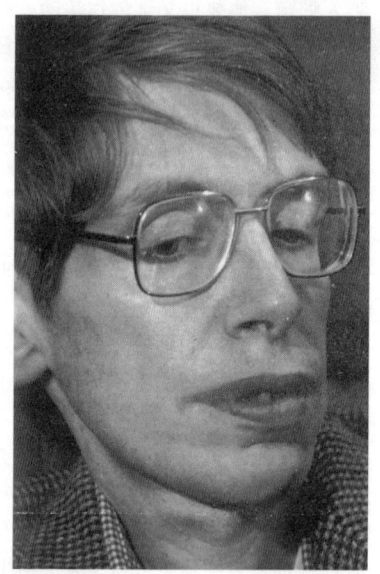

▇霍金像

"这是本世纪最重要的发现。"

观测到的很多现象都可以用大爆炸学说来解释。例如,天文学家观测到远处的天体总是远离地球而去,这证明宇宙仍在膨胀;各种天体的年龄都在200亿年以内,这也符合该学说有关大爆炸后才形成各种天体的推论。另外,宇宙背景辐射的存在也在大爆炸理论中得到了成功的预言。该学说预言在大爆炸之后、星系形成之前宇宙的结构应当是云团。这一巨大云团的发现证实了大爆炸学说的预言,通过对这一云团的观测,科学家可以对宇宙初期的情景作进一步的推测。

而且,这一巨大云团的发现也使科学家的另一个预言得到了证实,即宇宙质量的90%存在于"暗物质"中。以往天文学家观测到的宇宙总质量远小于理论上计算出的宇宙总质量。这些"消失"了的物质被称为"暗物质"。宇宙的未来直接决定于"暗物质"的多少:如果宇宙总质量小于某一数值,那么它将像现在这样无限制地膨胀下去;如果它的总质量大于这一数值,那么天体之间的引力将使宇宙停止膨胀,并且慢慢收缩,形成宇宙"大坍塌",直至再一次成为一个温度极高、体积极小的火球。

■ 宇宙背景辐射信号图
美国的两位射电天文学家——彭齐亚斯和威尔逊宣称发现一种来自太空一切方向而又无法消除的均匀微波噪声。

远方星体爆炸产生的巨大亮光

古埃及的"木鸟模型"与外星人有关吗?

人们在埃及的一座4000多年前的古墓里发现了一个与现代飞机极为相似的模型。这个模型是用古埃及盛产的小无花果树木制成的,重约31.5克。发现之初,人们还不知道什么是飞机,便把它称为"木鸟模型"。这个模型现在存放在开罗古博物馆中,编号为"物种登记"第6347号,仔细想来,人类史上的第一架飞机直到1903年才出现,那么,在4000多年以前的飞机模型从何而来呢?

1969年,考古学家卡里尔经仔细分析和研究,断定这是飞机模型,而绝不是"鸟"的模型。因为埃及古墓里飞鸟模型有着共同的特点:都有鸟足,样子多为半人半鸟状。而这个模型只有头部像鸟,其他部分都具备现代飞机的特点:有一个平卧的机体,一对平展的翅膀,尾部还有垂直的尾翼。

卡里尔博士组织了大量专家对其进行分析和研究,以弄清这架飞机模型的本来面目。专家们认为,这个模型具备了现代飞机的基本特点:机身长5.6英寸,两翼平展跨度7.2英寸,嘴尖长1.3英寸,机尾垂直,尾翼上有一个类似现代飞机尾部平衡器的装置。尾翼的外形设计完全符合空气动力学原理,更重要的是,其特点使机身有巨大的

■ 美国B-52轰炸机

上升力。机内各部件的比例也经过了精确的计算,设计得非常精确。所以,专家们断定,这绝不是一件简单的玩具,一定有人经过了反复的计算和试验后才制作了这个模型。后来,在埃及其他一些地方,人们又陆续找到14架这样的飞机模型。古埃及人掌握了这样的技术吗?

在南美洲的一些地方,人们发现了一些与之类似的奇妙的飞机模型。还有更令人难以相信的事情,在哥伦比亚,人们在地下约530米深的地方,挖出了一个古代飞机模型,这个黄金做的家伙竟然跟美国的B—52轰炸机十分相似。

这所有的一切应该如何解释?埃及的飞机模型与南美的飞机模型之间有什么内在联系?据考古发现,4000多年前人类的技术根本无法制造飞机,那么这些精确的飞机模型又是谁设计的?人们回答不了这个问题,也只有寄希望于外星人。究竟事实的真相如何,还待于进一步的研究确定。

■ 不明飞行物
古代银币上雕有飞碟状的飞行器

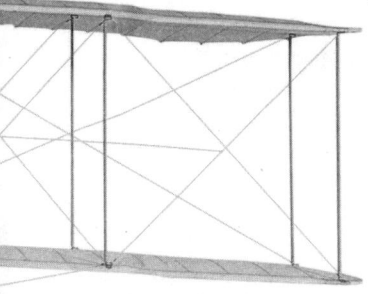

■ 莱特兄弟制造的飞机
谁能想象,在地球上出现第一架飞机前,世界上早已存在极其现代的飞机模型呢?

■ 底比斯的卢克索神庙中庭的第二塔门

科技

145

古印度人制造宇宙飞船之谜

在人们的印象中,高速飞行器械肯定是现代人的发明。但是,考古学家的发现却给出了不同的答案。因为,考古发现,古人不但能够造飞行器械,还能造宇宙飞船。

近年来,人们竟然根据印度古文献仿造出了飞行速度达5.7万公里/小时的飞船。当然,从现代科技的角度去看,也许这是小事一桩。这份文献是从一座倒塌的史前时代的庙宇地下室中发现的,这份资料以古代梵文木简写成。而这种飞船就是大名鼎鼎的"战神之车"。

这份资料详细记载了"战神之车"飞船的驱动方式、

■母亲女神摩亨佐·达罗赤胸陶像

■空中拍摄的凯巴山口照片
公元前2000年期间,雅利安人通过这个山口来到印度次大陆,改变了印度河平原上居民的生活和文化,并缔造了一个新的文明。

构造、制造飞船的原料乃至飞行员的训练与服装等众多细节,篇幅达6000行之多。据记载,"战神之车"的飞行速度如换算成现代计算单位应为每小时5.7万公里。

这就是说,当人类发明了火车、飞机、飞船并为自己的发明所陶醉的时候,他们根本就没有想到,这些看来非常现代化的工具在几千年前就可能已经存在了,这真让科学家们尴尬了一回。

■恒河风光

说起"战神之车",还要从印度南部古城甘吉布勒姆的424座神庙说起。这些神庙据说最多时曾达到1000座,因而"寺庙之城"就成为这座城市的当之无愧的称号。在这些神庙中,除了湿婆、毗湿奴、黑天、罗摩等众多古印度的神灵雕像外,还有一种飞船的雕塑。这种被雕成不同样式的飞船上面刻有众多神话人物,但"战神之车"却是它们共同的名称。据说这些飞船就是这些神话人物乘坐的坐骑。

研究者们发现,"战神之车"是一种多重结构的飞船,绝缘装置、电子装置、抽气装置、螺旋翼、避雷针以及喷焰式发动机都装备在了飞机上。文献中多次指明飞船呈金字塔形,顶端覆盖着透明的盖子。这简直就是传说中的飞碟。

这份文献是1943年从印度南部的迈索尔市梵语图书馆一座倒塌的庙宇地下室中发现的。这些神话故事因为它的发现开始变得更加扑朔迷离了,究竟这些人是神话人物还是真实人物?究竟这种飞船是地球人所造还是外星人所造?连科学家们也无法回答这些问题。

驾驶方法也被记在这份文献中,也就是说早在史前时代,飞船和飞船驾驶员就出现了在印度这个地方,这样看来,人类的科技真像魔鬼一样神奇。

当然,人类科技的发展是从当代和现代才开始的,这已被众多的事实所证明,那么,对古印度的飞船就只有一种解释看上去显得合理一点,那就是根本就不是人类建造了这些飞船。也许那时的人们看到了一个这样的飞船,而这个飞船却是外星人乘坐着到地球上来考察的,然后根据这个也许被外星人废弃了的飞船,当地人仿造出了其他的飞船,而他们将那些外星人当成了神仙供奉起来了。

■古希腊出土的青铜飞船模型

古希腊也发现了宇宙飞船,它与古印度的"战神之车"似乎有某种联系。这不禁让人猜想,古代地球上真有过外星人光临吗?

科技

科技
世界历史未解之谜

古希腊人制造过齿轮计算机吗？

在20世纪初，一位采集海绵的希腊潜水员在安蒂基西拉海峡的水底看到一个巨大的黑影。他游过去一看，发现是一艘古代沉船的残骸，这令他大吃一惊。这个突然的发现使他十分激动，他又一次潜下水，仔细察看，发现有大理石雕像和青铜雕像装在古船里面。

不久人们打捞上这条沉船。经专家考证，这艘古船沉没在水下已达2000年之久。也就是说，它沉没于公元之初。有关组织马上采取措施保护船上珍贵的古代艺术珍宝。

■ 古希腊出土的青铜太阳系仪
在古老的希腊就有精密的机械装置。

■ 帕特农神庙遗址

然而，又发生了另一奇迹，而它的价值，所有雕像都不能及。

在工作人员分析、清理船上物品时他们发现有一团沾满锈痕的东西夹在无用的杂物中。在认真的处理后，人们发现那里面有青铜版，还有一块上面刻有精细的刻度和奇异的文字，有被机械加工的铜圆圈残段。专家们马上意识到这圆圈意义重大，这种东西怎么会出现在古代船上呢？

在认真地拆卸、清洗它2次之后，专家们更加惊异了。那许多的细节部分清洗后竟是一台由复杂的刻度盘、活动指针、旋转的齿轮和刻着文字的金属版组成的机器，经复制发现它由20多个小型齿轮、一种卷动转动装置和1只冠状齿轮组成，一根指轴在一侧，指轴的转动会带着刻度盘以各种不同的速度转动。青铜活动版保护着指针，版上面有供人阅读的长长的铭文。

美国学者普莱斯用X光对这台机械装置进行了检查，最后断定它是一台计算机，太阳、月亮和其他一些行星的运行都可以用它来计算。据检测，它制造于公元前82年。世人都为之惊异。要知道，是在1642年帕斯卡尔才发明了计算机，而且当时他制造的计算机械十分不准确。虽然希腊人被人们公认是古代最有智慧的民族，但人们对这台古代计算机的出现，还是感到不可理解。

还有，这个机械装置全部是由金属制成的，精密的齿轮转动装置也在其中使用。而人们都知道是在文艺复兴时代才使用金属齿轮转动的。这涉及必须具备钳、刨、铣等机械加工工具才可以制作它，而在古希腊是根本就不存在这些工具的。

于是人们又提出这样一个问题：到底是谁制造了这台"安蒂基西拉机器"？

有人说，如果确是古希腊人制造了它，那么恐怕要彻底改写古希腊科学技术的历史。但又无法进行这样的改写，因为只有这个计算机的证据，人们并不知道它的制造者。在古希腊和其他一切古代民族的文献中，关于计算机机械的记载也从未发现过。

如果不是古希腊人制造了它，那么必定是远比古希腊人更聪明、工艺水平和科学技术水平也要高得多的智慧生命制造了它。

■ 海底打捞起来的古希腊青铜塑像

■ 阿波罗战车出征画

在太阳还停留在神话中的希腊，居然已经有了测量日月星辰运动的计算机，实在令人惊奇！

世界历史未解之谜

欧洲也发明活字印刷术了吗？

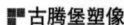

古腾堡塑像

　　中国的雕版与活字印刷是不是传到了欧洲，从而成为欧洲活字印刷的先声呢？对此，行家们的回答各不相同。

　　多数学者持这样一种观点，即中国的雕版印刷传到了欧洲。尽管尚没有充分的直接证据，然而他们还是坚持这一点。有人提到公元9世纪威尼斯就印过《古兰经》，但因此书并未留存至今，人们对此说法难以相信。很多东方学专家认为阿拉伯人对印刷术不怎么爱好，所以直到14世纪蒙古大军西征时，中国雕版印刷才传到欧洲。1423年的《圣克利斯多夫像》是现有最早的欧洲雕版印刷品。早在1550年，意大利的约维斯对葡萄牙人从中国带回的几本雕版书进行了细致深入的研究，事后他得出欧洲的印刷术渊源于中国的结论。卡特对中国雕版印刷导致了欧洲活字印刷的发明这一说法予以肯定，根据是从雕版走向活字既然是中国人走过的历程（但未最后成功），欧洲人也必会有此经历。他指出，欧洲最早的雕版印刷中心即荷兰、德国、意大利等国后来也是最早发展活字印刷的国家。

　　此外，他还指出雕版对于拉丁字母不太适合，所以在欧洲不怎么受欢迎，因而很快适宜拉丁文的活字印刷就代替了它。显然，铸造20几个字母同铸造数以万计的汉字相比要简单得多。

　　西方也有一些人认为欧洲的活字印刷完全是独自发展起来的，与中国无任何关系。绝大多数严肃的学者对这种抱有明显偏见的观点不能苟同。卡特明确指出，如果说欧洲和中国的"印刷术完全各自独立发展，毫无联系，那简直令人难以置信"。不过，中国印刷术是通过什么途径传到欧洲，又是怎样促使欧洲发明活字印刷的？这一问题还没有圆满的答案，很多地方还是不怎么清楚。

　　谁又是欧洲最早发明活字印刷的人呢？普

遍认为是德国的古腾堡。古腾堡是德国美因兹城的金工,在 1400 年前后出生,经过刻苦研究,他铸造了金属活字,手摇压印机也是他制造出来的。1450 年左右,古腾堡印行了《最后的审判》、《天文历书》、《拉丁语语法》3 种书,人们普遍认为这是近代印刷术诞生的标志。但现在找不到上述 3 本书了,1455 年古腾堡印制的有名的《四十二行圣经》有 48 部留存至今,成为无价的宝贵文物。古腾堡的发明早已得到世界公认,马克思给予活字印刷术以高度评价,认为活字印刷是文艺复兴时期最伟大的发明,它还被雨果称作"一切革命的胚胎"。

但是法国、荷兰都宣称金属活字是他们的人最先发明的。古腾堡早年曾到过法国斯特拉斯堡研究活字印刷,有人就据此认为法国有人比古腾堡更早发明活字印刷。特别是在荷兰,15 世纪就流传这么一个说法,即哈勒姆城一个叫考斯脱的人发明了活字印刷,并且比古腾堡早得多。荷兰人一直把考斯脱当作他们的民族英雄,他的铜像至今还矗立在哈勒姆中心广场。

■《古腾堡圣经》内页

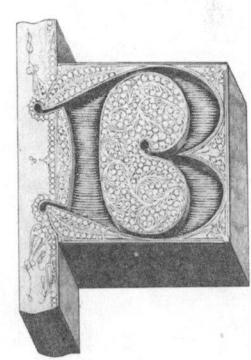

■ 印制彩色字符的活字及 16 世纪的诗集内页

科技

印第安人的人头缩制术是怎样发明的？

西方人想躲避灾祸，会敲敲木头或采取一些什么魔法对付给自己造成威胁的人，你会认为他们的做法很可笑吗？可能你的嘲笑十分有道理。但有时不少抵挡敌人的原始仪式和方法又似乎能起作用，或者以前曾经起作用，也许正因为大家知道这些方法被别人用过，所以可以恫吓敌人。希瓦罗族印地安人的事例就说明了这一点。南美洲被西班牙人征服之后，希瓦罗族是少数残存下来而且保留自己民族特征的印第安部族之一。

公元前1450年前后，印卡部队在尤潘基的率领下攻打基多王国南厄瓜多一个省份，当时军中传说这一次征战

■ 印第安民族的传统服饰

■ 全副武装的印第安人泥塑像
威风凛凛的印第安战士，连同充满恐怖色彩的人头缩制术，令敌人闻风丧胆。

意义重大。本来印卡士兵全部训练有素，勇猛好战，但这一次是一帮特殊的希瓦罗族战士作为他们的对手，因此印卡部队不免有点犹豫。希瓦罗人对缩制敌人头很在行，并且满足于砍下敌人脑袋留作战利品，这人头被他们缩成拳头那样大小，死者不散的灵魂也永不得翻身。

印卡人倒不怕被人砍掉脑袋拿去当战利品炫耀，因为这也是他们的惯施之技。3000年前这种习俗在南美洲十分普遍，没有什么可奇怪的。但印卡人相信头脑内藏有灵魂，所以最怕灵魂受制不得脱身。希瓦罗人缩制人头为的正是要把敌人的灵魂牵制住。希瓦罗人在把人头缩制之前，仿佛要举行某种仪式，以使脑袋里的灵魂不能报复杀死他的人。

尤潘基取得了那场战争的胜利，可是希瓦罗人并不屈服，希瓦罗人原在丛莽中居住，打败后随即躲入丛莽中。

■印第安人面具

■印第安人的头饰

■印第安人花鞋

为了炫耀胜利，别的部落民族战士才砍下敌人脑袋，而希瓦罗人却要举行仪式来缩小敌人的脑袋，使干瘪头皮困住敌人的灵魂，不再兴风作浪。否则，死者的灵魂即会报复杀害他的人。希瓦罗人相信死者灵魂若不用这种方法禁锢起来，自己将永无宁日。因此，如果说希瓦罗人也有害怕的事物，那就是敌人那逃掉的灵魂。

希瓦罗人割取的脑袋大都是近邻阿希亚利族人的，因为这两个部落水火不容，世世代代互相仇杀。如果找不到阿希亚利人，希瓦罗各部落之间也会爆发战争，但是战斗中只限一般的打斗，一条规定被双方严格遵守，就是不得把脑袋砍掉。缩制猎回的人头通常要好几天的时间，或者是在武士回乡后，再进行缩制工作，不然就常在凯旋途中举行缩制仪式。在每一次缩制过程中，都要有大吃大喝和跳舞的仪式。缩制好的人头，要缝合两眼上下眼皮，以使一心想报复的灵魂无法看到外间世界。

■锋利的匕首

科技

■古老的德国城堡

莱布尼茨发明二进制与《周易》有关吗？

莱布尼茨像

莱布尼茨是德国自然科学家、唯心主义哲学家、数学家。世人都称他和牛顿是微积分的创造人。他对帕斯卡的加法器进行了改进,设计并制造了一种手摇的演算机,提出了他认为吻合中国"先天八卦"的二进制,后代计算技术的发展受到影响。

关于莱布尼茨发明二进制与《周易》是否有关,至今仍说法不一,几种观点较为常见:英国剑桥大学的李约瑟——《中国科学技术史》的作者,曾经深入地研究过莱布尼茨的生平,认定二进制应起源于八卦和《易经》。李约瑟说正是受到了东方这些古老图书的启示，莱布尼茨才完成了他的创造。传说莱布尼茨年轻时，曾在巴黎游历，在那里发明了对数表，感觉自己非常伟大，恰好一个曾经到过中国传教的教士带了一轴以拉丁文翻译的名为《伏羲六十四卦方位图》的画卷送给他。对此莱布尼茨非常感兴趣，他认真地研读它，经常苦思其中的奥秘，终于有一天他想通了，想到建立二进制，并将自己的数学发明弃置一旁，对东方人的智慧赞不绝口。他以二进制数学把六十四卦的奥秘说得很明白：八卦中一两个符号及其排列方法，可以使等比级数、等差级数、二元式（二进位）、二项式定理、逻辑数学以反电磁波、音响、连锁反应等原理贯通起来。

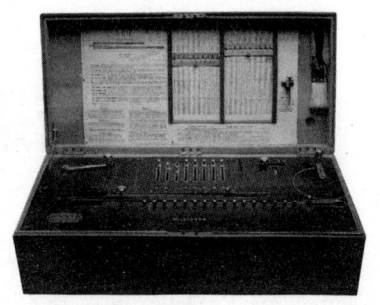
■一种早期的加法机

另一种观点认为，17世纪末叶，与在华传教士白进、闵明我等人的通信联系中莱布尼茨知道了八卦图和《周易》。

还有一种观点认为，莱布尼茨发明二进制与《周易》无任何关联。这种观点认为，《周易》卦序与二进制数学毫无关系，甚至有学者指出宋代邵雍所创制的六十四卦方位图"不能算二进制数学"，它们"只不过可以译成二进制数码，却没有二进制算法蕴含其中"。郭书春在1987年11月17日《科技日报》著文认为只要把莱布尼茨发明二进制与他和传教士白进的交往时间表列出来，一切都可解释清楚。1679年3月15日，莱布尼茨的《二进制数学》初稿完成，1696年，莱布尼茨对二进制问题再次给予了关注，送给奥古斯特大公一枚以二进制表为背面图案的纪念章。他还向赴中国的传教士详细介绍了二进制原理。莱布尼茨与在中国的法国传教士白进交往始于1697年。1701年2月15日，莱布尼茨给白进写信，对二进制原理进行了详细说明，白进收到信后发现了中国的六十四卦图与二进制的共同之处。4月7日，莱布尼茨将他的论文《关于仅用0与12个记号的二进制算术的说明，并附其应用及据此解释古代中国伏羲图的探讨》进行修改补充后再送到巴黎科学院，要求公开发表，二进制才被众人所知。然而，莱布尼茨和白进都不知道，他们所说的"伏羲六十四卦图"既不是伏羲创造，更不是《周易》的，而是北宋哲学家邵雍创作的。

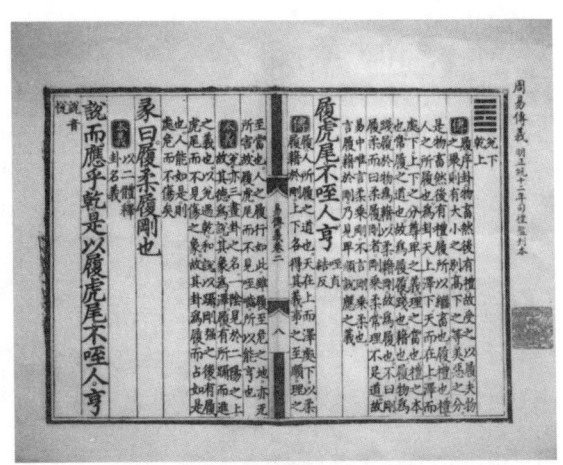
■《周易》内文
古老的《周易》真的包含了二进制思想吗？

火箭是哪个国家最先发明的？

首先在《兵法十二篇》中提出拜占庭皇帝列奥六世（公元866～912年）时士兵用的一种投火器，很有可能是火箭，是意大利人瓦尔图在1450年提出来的。这便是火箭源于拜占庭说的开始。此后有不少英法学者对这一观点表示赞同。

18世纪的英国东方学者哈尔海德则提出了印度是火箭发明国的说法。1776年，在哈尔海德翻译印度《摩奴法典》时，有"火炮或任何种类火器"、"火炮"的句子。《摩奴法典》汇编了古印度的宗教、哲学和法律，编成时间大约在公元前3～前2世纪间。如果那时已有火炮或其他种类的火器的话，火药的产生当比此时早。众所周知，世界公认火药是中国古代的四大发明之一。与唐初炼丹家和药物学家孙思邈最早记录火药的配方时间相隔千年，众多学者因此对之提出质疑，印度学者赖伊即指出哈尔海德的译文中存在错误。

美国学者维特认为以上是因为传说、神话被学者当成了史料，因而结论自然是错误的。他这样分析是不无道理的。但那些相信印度起源说的人并不以之为然，因而也只能代表一种观点。在《论火箭的起源》一文中潘吉星认为在1222年印度本土最早出现火箭，那时火箭曾被蒙古军在对花剌子模国王札兰

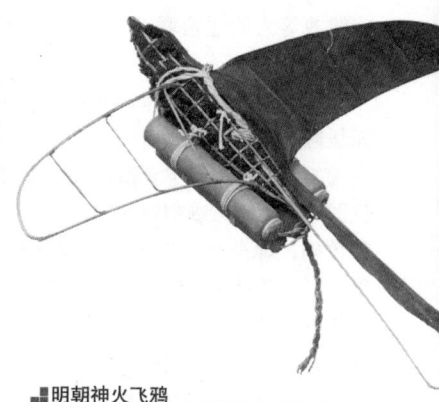
■明朝神火飞鸦
现代的火箭的动力结构仍然没有脱离它的原理

■宋朝官修《武经总要》书影
书中已有使用各种火器的记载

丁实施追击时曾在北印度使用过。这就是说，在1222年以前印度人根本搞不清楚火箭是怎样的东西。

对火箭源于中国这一观点表示赞同的中外学者，一般认为宋代是火箭的最早发端年代。

在鱼豢的《魏略》中始见"火箭"一词，《魏略》中记载魏明帝太和二年十二月，诸葛亮攻郝昭，郝昭射诸葛亮的云梯的武器即是火箭。不过那时的火箭并非用火药来推进的，而是在普通的箭上扎上一些耐烧的艾叶、松香和油脂一类的东西，然后用弓箭射出。

印度火器史学家戈代认为火药和火箭的起源地均是中国，是在14世纪以后才陆续传入印度，而这时中国的火箭已出现很长时间了。

著名的科技史学家李约瑟也说："中世纪中国的最伟大的成就之一是火药和火药武器的发展。"在中国古代典籍中关于火箭的记载也有很多，诸如《宋史·兵志》、《武经总要》等。但仍有人质疑中国是火箭发明国的说法。质疑的根据是丘濬的《大学衍义补》，丘濬（公元1420～1492年）这样说："宋太祖时始有火箭，真宗时始有火球之名，然或假木箭以发，未知是今之火药否也？历考吏制，皆所不载。不知此药于何时仿于何人？意者谓在隋唐以后始自西域，与俗谓烟火者同至中国欤？"中国火箭西来说是由英国汉学家梅辉立首先提出的，他认为公元6世纪火箭才传入中国。然而仅凭此一条史料，似乎又有点势单力薄，难以说明问题。因此火箭到底起源于哪一国，还有待于进一步深入研究。

■ 希腊之火

在抵抗阿拉伯人的多次海战中，拜占廷成功地使用了一件秘密武器——"希腊之火"。这表明当时欧洲已开始运用火器了。

■ 元朝军队使用的铜火炮

火器已是蒙古军队征战中经常使用的武器，由此火器传到欧洲和亚洲的许多国家。

科技

157

科技

世界历史未解之谜

一 "泰坦尼克号"沉没之谜

影片《泰坦尼克号》取得了十几亿美元的票房佳绩,轰动世界每一个角落。观众们在被电影中壮观的沉船场面所震撼并深深地为露丝和杰克的爱情所感动之余,不禁对"泰坦尼克号"沉没故事本身发生了浓厚的兴趣,那么,这到底是怎么回事呢?

1912年4月15日凌晨2点20分,"永不沉没的泰坦尼克号"连同1500多名乘客的船员,一起葬身大西洋底,灾难发生后,西方国家媒体迅速对沉船事件予以大篇幅的报道,对于沉船的原因和场景有许许多多的说法。而世界上许多国家的船舶设计工程师们也对这一沉船事件极为关注,为了揭开这个谜,他们搜索并分析了当时各种报道,推断造成泰坦尼克号沉船的原因应该是部分船舱施工建造不符合要求,以至于船遇到冰山后船体内的钢板被撞得变

■泰坦尼克号上的幸存者

■准备远航的泰坦尼克号

158

了形,撞松了铆钉,并从接缝处将船体撕开了一个大口。当然,也并不是所有工程师都认同这一观点,这也只是一种可能。

海洋地质学家在1985年8月找到了泰坦尼克号的残骸。他们发现,泰坦尼克号沉没时船体已被分裂成船头和船尾两部分。可喜的是,1991年,海洋地质学家史蒂夫·布拉斯科和他的同伴们在泰坦尼克号沉没现场又把一块船壳钢板打捞上来,他们发现,这块钢板碎块的边缘参差不齐,随后,他们在实验室里检验了这块钢块,冶金学家肯·卡利斯利用charpy技术检测了该钢板的易碎性。实验结果显示,泰坦尼克号船壳钢板的质地出奇地脆。人们由此认定,是冶炼技术问题导致了船体的沉没。因此史蒂夫"那时的造船技术超前了,但冶金技术没有跟上"的说法得到了证实。

这些观点都是基于科学和事实认定的。对于泰坦尼克号沉没的原因,还有其他带有迷信性质的说法,那就是被"诅咒沉没"的说法,其中最有名的说法是沉没于"木乃伊的诅咒"。

大约在1900年前后,考古学家在埃及古墓中发掘出一具石棺,石棺上有"凡是碰到这具石棺的人,都会遭难"这样的咒语,可科学家们才不会理会这些,他们打开了石棺,一具木乃伊在他们的面前展现。

石棺很快被运回英国并在大英博物馆中展出。10年后,一位富有的美国人希望英国能将石棺和木乃伊卖给他,英国人也真把它卖给了这位美国人。正当他考虑如何将这"宝贝"运回美国的时候,恰逢泰坦尼克号首航,于是他便将他的"宝贝"带上了泰坦尼克号。可惜谁都没有注意到,在石棺上刻着的最后一句咒语是"将被海水吞没",与前面的连在一起就是"凡是碰到这具石棺的人,都会遭难,将被海水吞没"。

不管怎样,泰坦尼克号毕竟沉没了,作为人类航海史上的一大悲剧,其原因虽然到今天还是一个谜,但它的沉没给人类带来的却是极大的警醒。

■《泰坦尼克号》电影海报

■拉美西斯二世的木乃伊石棺

泰坦尼克号的沉没是现代技术的一种失败呢,还是古老诅咒的显灵呢?

科技

科技

世界历史未解之谜

美国"阿波罗"号到底登没登上过月球？

宇宙飞船"阿波罗"号登上月球，一直都作为人类航天史的一大里程碑而载入史册，更使冷战中的美国一下在航天领域让苏联望尘莫及，它不仅仅是美国人的成就，更是全人类的骄傲，随着时间的消逝，人们在感受到这一前所未有的狂喜之后，似乎更关心这一壮举的真实性，究竟是伟大的成就还是弥天大谎。

1961年5月25日美国总统肯尼迪代表美国政府向国会宣布在这10年内，将把一个美国人送上月球，并使他重返地面。这就是20世纪著名的美国"阿波罗"登月计划。

这一计划是当时在应对苏联空间技术挑战的形势下提出的。

可是自从20世纪70年代以来，一直有人怀疑登月只不过是美国政府一手导演的一个骗局。怀疑者认为，当时美国在与苏联的太空竞赛中始终处于劣势。美国政府在当时技术条件不具备的情况下，一手导演了美国人首次登月的骗局来重振国威，欺骗国际舆论。

还有一些人公开怀疑整个"阿波罗"登月计划本身就是一个大骗局，人类从来没有登上过月球。据美国盖洛普公司在1999年的民意调查，有6%的美国人怀疑"阿波罗"登月是否真的发生过。

2000年7月中旬，墨西哥《永久周刊》科技版刊载了《20世纪最大的伪造》一文，作者俄罗斯研究人员亚历山大·戈尔多夫对美国31年前拍摄的登月照片提出质疑，立刻引起了广大读者的密切关注。

■阿姆斯特朗即将踏上月球表面的一刹那

戈尔多夫认为，所谓美国宇航员在月球上拍摄的所有的照片和摄像记录，都是在好莱坞摄影棚里制造的。他的主要理由如下：

第一，"阿波罗"宇航员在月球表面拍摄的照片，背景都没有星星。月球没有大气遮掩，天空又是乌黑的，星星跑到哪儿去了呢？

第二，照片上物品留下影子是多方向的，而太阳光照射物品所形成的阴影应该是一个方向。

第三，摄像记录中那面插在月球上的星条旗在迎风飘扬，而月球上没有空气，根本不可能有风把旗子吹得飘起。

第四，从摄像纪录片中看到宇航员在月球表面行走犹如在地面上行走一样，实际上月球上的重力要比地球上的重力小很多，因而人在月球上每迈一步就相当于人在地球上跨越了5~6米长。

戈尔多夫说，他并不否定当年美国宇航员登月的壮举。他认为，美国宇航员当时是接近了月球表面，但由于技术原因未能登上月球。可是，美国为了表功，为了压倒苏联的锐气而伪造了多幅登月照片和一部摄影纪录片，蒙蔽和欺骗世人几十年。

2001年2月15日，美国的福克斯电视台播放了《阴谋论：我们登上月球了吗？》，通过采访"专家"出示"证据"，最终向大众"披露"了美国航空航天局于20世纪六七十年代在内华达州的沙漠中伪造"阿波罗"登月的真相。

不过，更多的人认为"阿波罗"登月是不可能造假的，最确凿的证据就是历次登月带回来的300多公斤月球岩石。月球岩石非常独特，在许多方面和地球岩石不同。

此外，美国传媒神通广大，假如美国政府有欺骗行为，不可能会保密如此之久。

在各方争执不休时，美国于1999年7月20日在华盛顿国家航空航天局博物馆举行仪式，纪念人类首次登月30周年。这也多少表达了美国政府对争论的态度。但是，首次登上月球的尼尔·阿姆斯特朗拒绝参加任何记者招待会、签名或合影，第一个踏上月球的人却如此沉默。这种行为给人们留下了更多的迷惑和不解。

如此看来，真假登月仍是未解之谜，证明登月的只有美国政府，有谁撒过弥天大谎会轻易认错的，提出反驳的最权威的戈尔多夫又是俄罗斯人，谁知道其中又掺杂了多少政治的或个人的因素？解开这个谜团，还有待更多的材料和参与者的证明。

■美国宇航员阿姆斯特朗

■人类开始了在月球上的行走

科技

艾滋病来自何方？

艾滋病是由名为"人体免疫缺损病毒"引起的被科学界称为"20世纪的瘟疫"。从20世纪80年代正式发现第一位艾滋病患者以来，其蔓延速度之快，患者死亡率之高都令人谈"艾"色变。而到目前为止，人类还不能生产出有效的预防和治疗艾滋病的药物。

那么，这种被认为人类有史以来最凶悍的病毒究竟是来自何方呢？

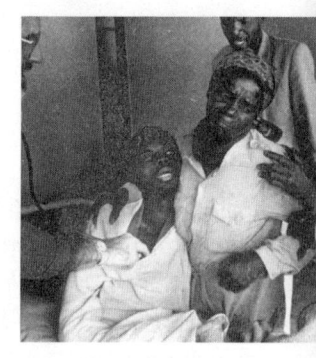

■非洲的艾滋病病人

起初人们认为同性恋是致病的根源。可是，研究发现，在西方，同性恋问题早在希腊罗马时代就有记载，东方国家古代也有士大夫养娈童的轶闻。如果同性恋导致艾滋病的产生，那么必定古代就流行了，为何直到当代才传播开呢？于是，科学家认为同性恋只是艾滋病传播的一个途径，艾滋病另有根源。

目前，人们在研究艾滋病时，提出了以下几种可能的致病原因：

一种是"外空传入地球"的假说，这种推断是由英国天文学家提出的，他们认为艾滋病毒可能早已存在于地球之外，但因千百年来缺乏传播媒介，所以人类一直没有感染上。后来这种病毒随流星进入地球，将这种可怕的病毒带给了地球上的人类。

另一种是"猴子传给人类"的假说，法国学者在中部非洲大湖地区研究艾滋病时，偶然了解到当地居民有将猴血注入人体的习俗。然而，这种假说的不足在于无法解释艾滋病的历史，这种奇特的习俗的历史比艾滋病史长得多。研究者进而假设，可能在很早以前，猴子就将艾滋病病毒

■联合国举行防治艾滋病的专门会议

传给人类，但缺乏必要的传播途径，因偶然的原因几度自生自灭。在现代，由于大量欧美人员到过非洲，于是艾滋病病毒就随之到了欧美，加之性生活混乱和吸毒等的流行，所以艾滋病在欧美地区就广泛传播开来。

还有一种是"美国制造"的说法。20世纪80年代中期，有报纸声称是美国研究细菌武器制造了艾滋病。后来，英国一家素来以消息来源可靠著称的报纸刊载了英国反对活体解剖学会的看法。该学会成员声称：美国在制造一种新

■令人谈虎色变的艾滋病病毒

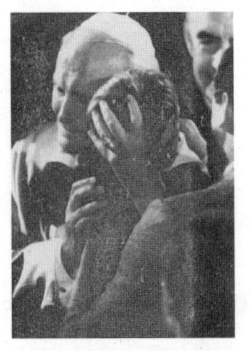

■教皇保罗二世和患有艾滋病的男孩

■防治艾滋病的宣传
共有50个州和12个国家的8288个艾滋病人的被单陈列在华盛顿纪念广场上，占地15万平方英尺。

型生物武器，艾滋病是美国生物研究中心利用遗传工程基因重组的新技术制造出来的新病毒，研究者首先在中非的绿猴身上做试验，后来又以减刑为条件在一些服重刑的囚犯身上试验病毒，囚犯中不少是同性恋者。他们回到社会后，艾滋病病毒也就开始了泛滥，这是试验者和被试验者始料不及的后果。这一消息见诸报纸后，至今已被数十个国家和地区的报纸转载，并引发了一场轩然大波，对此，美国有关方面也断然否认。

20多年过去了，人类已经迎来了21世纪的曙光，而对艾滋病的研究也已取得了重大成就，但研究它的起源问题依然摆在科学家的面前，人们只有充分地认识它，才能更快更好地消灭它，人类应有理由相信，凭着人类的智慧力量一定能消灭这"世纪瘟疫"。

■死于艾滋病的人群的线描图
关于艾滋病的起源一直众说纷纭，但真正的源头，仍然无从得知。

科技

科技

世 界 历 史 未 解 之 谜

"魔鬼三角"
百慕大的"魔鬼"是谁？

素有"魔鬼三角"之称的百慕大迄今为止仍为众多科学家们日思夜想，百思不得其解。特别是近几十年来，许多飞机、战舰常常会无故失踪。谜底何在，众说纷纭。

苏联科学家最早提出海底水文地壳运动说。他们说，由于百慕大海底地貌十分复杂，这样就造成了百慕大海域的洋流纵横交叉，变幻不定，形成了多个巨大的旋涡流。后来，美国科学家又进一步证实了这种说法。他们认为，百慕大海域不仅有巨大的旋涡，而且这些涡流在阳光照耀下会产生极高的温度，这是使飞机爆炸、船舰沉没的原因。

那么，为什么会找不到沉船和失踪的飞机的残骸呢？

■赴百慕大探险的科学家在地图上指出百慕大的位置

持海底水文地壳运动学说的学者们分析说，在百慕大地区的海底地壳上有因天长日久而形成的一个个地陷坑或空穴，这里地壳运动十分频繁，百慕大附近的陆地地震不断，原因就在于此。当地震发生，这种空穴的顶部就会坍塌，其状如同海底突然"张开大口"，碰巧航行此地的轮船、舰艇随之被卷入，沉入"大口"之中，这样，舰艇就会沉没而不留任何痕迹。

次声波地磁引力说。苏联地球物理学家B·B·舒列金在20世纪30年代提出次声波由海浪产生的。他们认为，在火山爆发、地震、风暴等自然灾害发生的同时，次声波也随之震荡，次声波虽然是人耳听不见的一种声音，但是，它的破坏力却大得惊人，当人处在振荡频率为6赫左右的环境中，便会产生强烈的疲劳感，随后又出现焦躁不安和本能的恐惧，而当人处在频率为7赫时，人的心脏和神经系统陷入瘫痪，而百慕大正是次声波最活跃的地区，导致种种惨剧发生的"魔鬼"就是这一致人死地的次声波，它是罪魁祸首。

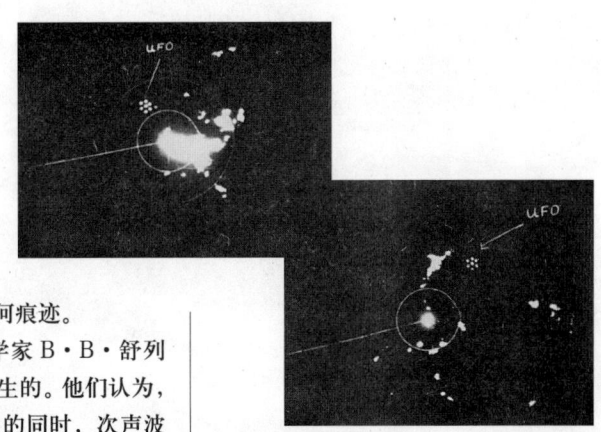
■用雷达探测到的百慕大上空的不明飞行物

"天外来客说"。1965年6月5日，一架大型双引擎军用飞机"飞行车厢CI19"号，在飞越百慕大时，突然失踪。正在这时候，美国宇宙飞船"双子座—4"也正好飞越此地，宇航员麦克维特发现了一只触手外露的类似"飞碟"的不明飞行物正在离他不远处飞行，他立即用电影摄影机把那飞行物拍摄下来。据此，美国天文学家M·K杰塞浦以及一些其他学者认为，神秘失踪的飞机和船舰可能是"天外来客"乘坐飞碟所为。

20世纪70年代中期，美国科学家拉里·库什提出了"虚幻之谜"说，他说，在百慕大三角发生的这些奇异现象，并不只是近几十年来才发生的事情，是在16世纪哥伦布探险时期就有记载。这些记载大多说，凡在此遇到空难或海难均是由于遇上了飓风、狂浪、海啸等自然灾害所造成的，这些记载，很多从事研究百慕大的学者也知道，但并没有引起重视，甚至于有些学者为了猎奇，有意或无意地删去这些情节，更有些人为了一鸣惊人还把本不在百慕大发生的海难、空难事故的发生地移花接木，欺骗世人。

■在百慕大神秘失踪的飞行中队合影

科技

神秘的北极风光

北极"阿里亚尼"真是地心飞碟基地吗？

有谁会相信地球内部可能存在着飞碟基地？但根据飞碟专家的深入研究发现，飞碟的来源存在三种可能性，即外太空、内太空和穿过时间隧道的未来人。这里的内太空就是指从地心到大气层的地球本身。对地球内部存在着飞碟基地的说法，许多人认为不可置信。

但是，曾任美国海军少将的拜尔德在不久前公布的架机探访地心飞碟基地的神奇经历，使地心存在飞碟基地的说法得到佐证，也使飞碟和外星人再次成为人们关心的问题。

拜尔德将记载他那神奇经历的日记公开。根据他的日记，他曾于1947年2月率领一支探险队从北极进入地球内部，发现那里存在着一个庞大的飞碟基地和生活着许多种原已在地面上绝种的动植物，并且他们还在这个基地上发现拥有高科技的"超人"。

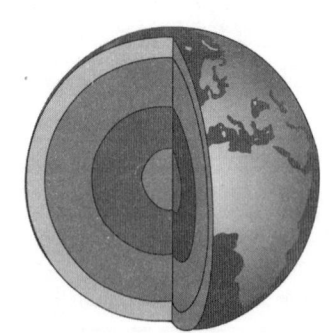

■地球内部结构示意图

166

在北极，拜尔德驾驶飞机进入一个地方，发现地势更加平坦，而且还分布着闪闪发光的发出彩虹般的色彩的城市，而空中飞行的飞机似乎被某一种奇特的浮力托着，在这种无形力量的支配下，拜尔德无法控制飞机，不可思议的是在舱门右侧和上端出现带有无法明了其义的符号的碟形发光飞行器，更不可思议的是，竟从无线电传出带着德语音调或北欧语言的英语"欢迎将军的光临"，并让拜尔德放心，说过不了7分钟，飞机将完全降落。话一说完，飞机的引擎停止运转，在轻微的震动中，飞机平安着陆，这时几位没有携带任何武器的、金发碧眼、皮肤白皙、体形高大的人出现了。

■正在机上检查仪器的拜尔德
拜尔德所言确有其事，还是一番耸人听闻的谎言？

在这一基地，他遇到一些人，通过与那些人的交谈，他得知这个地下世界名叫"阿里亚尼"。这个基地的人对外界的关注始于美军在日本广岛投下两颗原子弹，为了调查那个时代发生的事，他们派遣许多飞行器到地表活动。他们自称，地上世界的文化和科技要比地下世界落后数千年，他们原先对地上世界的战争不加干涉，但因原子武器破坏性太强，他们不愿再见到人类使用原子武器，因此曾派人与超级大国交涉，希望能劝他们停止使用原子武器，可惜未成功。这次借邀请将军的机会警告地上世界可能会走上自我毁灭。那些人还对地上世界对他们派出的使者的不友好的待遇发出抱怨，声称飞行器也经常遭到战机的恶意攻击。人类文明之花遭受战争的蹂躏，人类社会的黑暗幕布已经降落，这些将使全世界陷入混乱中，世界将成为一方废墟，但地下世界的人将协助地上世界的人从废墟中重建新世界。

结束会晤后，拜尔德沿原路前往通信员停留的地方，与他会合。他们经由两架飞行器的引导而升空至823米，27分钟后，他们平安在基地着陆。

拜尔德一回到美国随即参加美国国防部的参谋会议，并且向杜鲁门总统做了汇报。为了证明他所作汇报的真伪，他被最高安全部门及医疗小组调查，后被有关方面告知严守机密。因此，关于那个基地的秘密，被美国政府封锁了多年，但在他1965年12月24日的日记中，他写道："那块土地在北极，那个基地是一个巨大的谜。"

拜尔德公开的日记的真伪一直为世人所争论。"阿里亚尼"是否真是一个飞碟基地也一直为科学家所争论不休，但无论如何，内太空作为飞碟的来源之一存在可能，它的进一步确定还等着科学家的进一步研究。

■1965年拍摄到的美国佛罗里达州上空的不明飞行物

科技

鲸"集体自杀"之谜

百余头伪虎鲸于1970年1月11日冲上美国佛罗里达州皮尔斯堡附近的海岸的海滩。海岸警卫队为了救助这批搁浅的鲸,从中午1点到深夜,尽一切努力想把它们往海里赶,可是它们屡次重新冲上海滩。最后,150头伪虎鲸全部死去。

同样的情况也发生在1979年7月16日加拿大波林半岛上。当时,上百头鲸拼命地冲上海滩。渔民奋力挽救这些鲸,把它们硬往海里赶,但是徒劳,这些鲸在原地不动,直到死去。

在荷兰、墨西哥和美国等地的海岸上这种类似的情况也时有发生。

▪暴风雨前夕,鲸群发狂般地游在海面上。

关于鲸自杀的记载始于古希腊哲学家普卢塔赫(公元46~126年)写的《各种动物的才能》一书。

鲸是因为被狂风大浪推到海滩上,是因为被凶恶的鲨鱼或受到其他动物的威胁而仓皇逃命窜上海滩,是因为在海滩觅食或一时贪玩而在海滩上搁浅而要"集体自杀"?人们对此百思不得其解。

生物学家们为了揭开这个谜,多年来一直进行广泛探索。

荷兰科学家范·希尔·杜多克是研究鲸自杀原因的专家,1962年他研究了包括成群的和单只的26种鲸的133桩"自杀"事件。研究发现,鲸一般选择低洼的海滨浴场、海岸、浅滩和凸出的海角作为"集体自杀"的场所。

鲸又为何要在这些地点"自杀"呢?

原来,鲸的视觉并不发达,其判别方向和识别东西主要是靠它身上的一套回声定位系统具有反射声音的作用而进行的。

▪因为海水落潮而搁浅了的白鲸

在低洼的海岸等地,使鲸回声测位的条件恶化,妨碍了鲸对反射信号的接收,有时鲸鱼不能收到落到缓斜砂质的海底的信号,而水浅使鲸的喷水孔不能浸没在水里,这也减弱了它的回声定位能力,因此,在这些地方,鲸鱼常因飓风、暴雨而搁浅。

1984年，95头鲸因不明原因集体冲上美国马萨诸塞州海滩，随后全部丧生。

这种说法是单头鲸"自杀"的原因，但是鲸为什么"集体自杀"呢？

苏联科学家托米林认为鲸的集体自杀牵涉到动物学和生理学的因素，即鲸之所以会"集体自杀"是为了保护同类。

由此可以推测到鲸"集体自杀"：首先，个别鲸因环境条件原因而使回声定位系统失灵，落入海滩；其次，搁浅的鲸为求生而向同伙发出遇难的信号，其他的鲸接到信号后为救护同类而上海滩；最后，所有的鲸都投入了死亡的深渊，造成"集体自杀"。

但是，法国、英国、美国的一些科学家对鲸"集体自杀"的原因做出不同的解释：军舰产生的发动机声音、爆炸声等噪声以及军舰上的回声测探仪和水声测位仪（声呐系统）发射的声波，扰乱了鲸的回声定位系统，鲸即因发生这种紊乱而发生搁浅。他们举例说，1986年在兰沙罗德岛附近正在进行军舰演习时，有4条鲸在该岛搁浅；1989年，在加那利群岛的一个海岛附近游弋的军舰导致不同种类的24条鲸在该岛边集体搁浅。此外，委内瑞拉湾发生的鲸"集体自杀"与当时水下爆炸几乎同时发生。他们认为这是证明他们观点的力证。

不论如何，鲸的搁浅只是环境条件以及它们的习性造成的无意的结局，而不是它们有意识的自杀。鲸"自杀"的说法只是古代人们对鲸搁浅的一种不科学的说法。

海边风干的鲸骨

科技

野兽为何抚养人类的孩子？

印度的那拉雅普尔村的一位名叫那尔辛格的居民于1972年5月骑自行车穿过森林时，看见一个正爬着与4只小狼玩耍的大约三四岁的小男孩。

这个小孩被那尔辛格抓住并带到村里。这个小孩牙齿锋利，在路上把那尔辛格的双手咬得鲜血直流。

这个小孩被那尔辛格当作赚钱的工具，让他与狗一起生活，到处展览、表演，过着悲惨的生活。他竟把人们投给他的活的小鸡马上抓住啃咬起来。

用四肢奔跑的狼孩

被收养一段时间后，"狼孩"已经可以穿衣服，并进行简单的对话。

5个月之后，他才开始用双腿走路，但走得很艰难。

他于1981年1月被送到一家医院进行治疗。在医院里他"恶习不改"，将地上的蚂蚁抓住往嘴里塞；他总是肚皮朝下趴着睡觉或休息，向前伸出双臂，向后伸直双腿。

这个小孩就是人们所说的"狼孩"。此外人们于1964年在立陶宛发现一个"熊孩"，他喜欢敲打树木，走路摇摇摆摆，会发出咆哮，一副十足的熊样；两个"猴孩"又于1974年被发现了，他们像猴一样跑跳、爬树，只吃香蕉……

由于脱离了人类，这些小孩较长时间与狼、熊、猴等野兽共同生活，因此他们的习性也变得和野兽一样。

回到人类社会后，尽管他们会慢慢地往"人性"方向发展，但由于错过了生理上、心理上发育的最好时期，因此，在各方面他们仍落后于一般儿童。

凶猛的野兽怎么不会伤害小孩，反而变"温柔"，把小孩抚养起来了呢？

■凶恶的非洲白狼

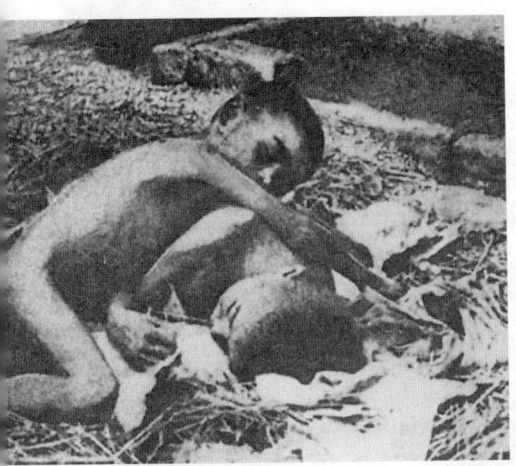

■南非两名相拥而卧的狼孩

■印度"狼孩"在一户农民家中的情景

经过科学家们考察发现，那些抚养小孩的野兽都是雌性的。因此，有人认为，也许是因为母兽生下小兽不久，小兽死了，所以无法排出乳汁的母兽胀得难受，恰巧遇到被遗弃的小孩，于是就让他吸乳汁。

然而，事实上，在"领养"人孩的同时，有的母兽还哺育自己的小兽，因此让人难以信服乳汁多到"胀得难受"的说法。

究竟这些野兽抚养小孩出于何种"动机"，这仍是一个谜。

科技

尼斯湖怪兽之谜

在苏格兰北部,有一个尼斯湖,湖深200多米,是一个终年不冻的淡水湖。表面上看,尼斯湖与其他湖泊毫无异处,但传说中湖里却住着一种不为人类所知的动物——尼斯湖水怪。早在距今1500多年前,就开始流传尼斯湖中有巨大怪兽常常出来吞食人畜的故事。古代一些宣称曾经目击过这种怪兽的人把它描绘得多种多样,有人说它长着大象的长鼻,浑身柔软光滑;人有说它是长颈圆头;有人说它出现时泡沫层层,四处飞溅;有人说它口吐烟雾,使湖面有时雾气腾腾……各种传说颇不一致,既神奇,又恐怖。

1972年,美国应用科学院专家赖恩斯带领他的研究组,在对尼斯湖进行探险时,曾利用水下照相机,拍下了一个珍贵的镜头,这张照片上现出了一只活怪兽的轮廓(躯体和头部):躯体呈菱状,一个细长的脖子成拱形地伸展,脖子的一部分被阴影挡住而模糊不清,最后是一个斑点,表明是怪兽好奇地转向照相机的头部,两个鳍脚从躯体上

▌正在检查海底探测仪的科学家

▌艺术家笔下的尼斯湖怪兽

■准备用于探测尼斯湖的"海底居室"

■正在紧张注视海底自动摄影机的工作人员

端伸出,整个画面看上去像是怪兽正吃惊地扑向照相机。据估计,这只怪兽大约长6.5米。不久怪兽向水下照相机发起了一系列的攻击和碰撞,并将其打翻。有些学者根据这张水下照片来证明尼斯湖里确实存在着怪兽。

后来,美国隐蔽动物学会会长贝佐宣称他"已发现尼斯湖怪兽"。贝佐长期以来一直力图尝试证实尼斯湖怪兽的存在。这一消息究竟是否真实可靠?因为缺少证据而不能被得到肯定。事实上,从古至今,虽然有许多人宣称自己亲眼看到过此怪兽,但都只能粗略地说出怪兽露出水面的只鳞片角,都不能准确地说出怪兽的全貌,因为谁也没有见过。

近一二十年来,为了找到尼斯湖水怪,人们用尽了各种方法,有的潜水员潜入尼斯湖,但混浊的湖水阻挡了人的视线,人眼难以辨认水下的世界;有的使用潜水艇,也毫无收获;有的使用自动摄影装置,仍徒劳无效;有人想起了海豚,因为海豚有非常灵敏的声呐系统,在任何条件下它都能够准确无误地分辨出3000米以内的水中生物,但由于尼斯湖是淡水湖,海豚也难以施展技艺,因此,尽管海豚是海洋动物中最机灵的动物,它对探测尼斯湖怪兽也是无能为力的。

全世界许多著名的科学家坚信在尼斯湖中确实存在水怪。他们认为,这是一种至今尚未被人们查明的大型水生动物。几亿年前,尼斯湖一带原是一片极目浩瀚的海洋,今天的地貌是在频繁的地壳运动的作用下,经历多次的海陆变迁才形成的。因此,很可能有一种远古前动物——独特的海栖爬虫类至今仍然生活在尼斯湖里。这只是一种假设和推测,要证明这种假设是否正确,还有待于科学家今后进一步去深入探索和研究。

■传言中的尼斯湖怪兽

科技

世界历史未解之谜

文化
Culture

挪亚方舟的传说真有其事吗？

挪亚方舟的故事流传很广，人类似乎也经过了一次劫难。《圣经·旧约》"摩西五书"的记载很详细：人类祖先亚当和夏娃被逐出伊甸园后在大地上繁衍生息，罪恶充满了世间。上帝非常生气，要用洪水淹没人类，但因见诺亚是位义人，于是让诺亚造了一条船带上家人和所有种类的动物逃命。洪水暴发后，方舟终于在漂浮150天之后搁浅在亚拉腊山巅。有关挪亚方舟和世纪洪水究竟是确有其事还是仅仅是传说引起了许多人的好奇，人们纷纷对其进行研究和考证，几个世纪以来研究不断。

荷兰人托伊斯早在17世纪就曾写过一本名为《我找到了挪亚方舟》的书，书中还附有方舟的插图。

1883年，亚拉腊山发生大地震，对灾情进行评估和考察的人员来到亚拉腊山，在亚拉腊山被地震震裂的地段内发现了一艘大木船，由于船体大部分在冰川内嵌着，所以它的具体长度人们无法估计，估计船体高约12米～15米。

法国的琼·费尔南·纳瓦拉在1955年7月，带着儿

■挪亚方舟
当"大洪水"威胁世界时，诺亚将饲养在地球上的动物雌雄各一只载入方舟。

子拉法埃尔登到亚拉腊山顶峰，找到了嵌在冰川中的方舟残片，便把一块木板带回，经法国、西班牙、埃及等国科学家研究，这一块木板曾经被特殊防腐涂料处理过。通过碳－14测定，它的年代至少在4484年前。

当然，地球曾发生过特大洪水也得到了相当多的科学家的认同。土耳其科学家指出，大约在1.3万～1.4万年前，特大洪水汹涌的浪潮从今天的黑海越过马尔马拉海进入到地中海，并且许多人类居住地在高达数百公尺甚至数千公尺高的地方在巨大浪潮冲进地中海时即被淹没了，今日星罗棋布的爱琴海岛屿形成的原因就在于此，许多传说中陆沉的"亚特兰蒂斯城"可能也被埋藏进了海底。

马尔马拉地区在1999年连续两次发生大地震之后，挪威及法国探测船曾对马尔马拉海底的断层进行探测，证实马尔马拉海底原本是座面积很大的山谷，谷底有许多洼处，似乎是昔日湖塘的痕迹。

因在1985年找到泰坦尼克号残骸而在探险界颇有声名的罗伯特·巴拉德在2000年宣称，在距土耳其沿岸12英里远的黑海海平面以下310英尺处，他率领的一支远征小队发现了一个呈长方形的地基。他猜测在被大水吞噬以前，那里可能曾经是一座建筑的旧址。根据近来的科学发现，科学家们断言，地球上曾发生的世纪大洪水和《圣经》里讲述的挪亚方舟的故事有一定的联系。

有关挪亚方舟的真实性人们还在不断地研究着，但愿科学的发展能早日给人们一个确切的答案。

■ 上帝创造世界 壁画

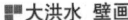

■ 大洪水 壁画

人类文字是怎样起源和发展的？

人类自从有了文字才进入了一个相对文明的发展阶段。世界上各个民族有关文字的起源都有许多美丽的传说，如中国的"仓颉造字"简直可以惊天地泣鬼神。由此，汉字成为迄今为止使用历史最长的文字，而其他一些使用过的古文字中，很多早已湮没在历史的典籍中了。因此，人们要探索人类文字的最早起源，最好从人类文明古国的浩瀚历史中去仔细寻找。

文字其实就是人与人之间通过约定俗成的可见符号进行交流的媒介，它是人们记录语言的书写符号系统。人类文字历史贯穿了从早期图画文字到字母文字的整个视觉联系的历史。也就是说，图画文字是文字发展的最初阶段，虽然它处在不断变化发展之中，但是世界上很多民族的文字从没有超越这个阶段。

最原始的非书面的联系手段是与利用参照物紧密联系在一起的，如中国的结绳记事等。而确切地称之为文字，始于当标记刻铸在参照物上被描绘和雕刻出来作为"文字"符号的语言。在旧石器时代早期的洞穴绘画中可以看到这种情况。古文字学家所确认的最古老的图画文字出现在公元前3500年人类文明的发祥地之一——美索不达米亚地区，这种作为原始文字的图画描述是独立于语言之外的，因为它既不想也不能达到复制声音的水平。

因为这种以"物"表达的文字与人类社会活动的扩大和智力的发展不相符合，所以当人们对这种起初带有非凡想象力的创造发明不满意时，一种新的能表达复杂概念和含义的图画就应运而生了。

它使得简单的描绘概念成为可能；使之能够一定程度地体现人类的

■一篇以楔形文字书写在陶片上的苏美尔人的哲学文章，有4000年左右的历史。

■蒙图霍泰普二世法老神殿上的埃及象形文字，距今约4000年历史。

抽象思维能力。那么，真正代表发音的符号是何时出现的？多数古代文字学家主张是公元前1800年。居住在两河流域的古美索不达米亚地区居民的创造的发展使人类文字的历史迈进到了音节文字阶段。

音节文字应是字母形成前的最后一个阶段。公元前3100年的苏美尔文字、公元前3000年左右的埃及文、公元前2200年的原始的印度文、公元前2000年的克里特线形文字、公元前1500年的赫梯文以及公元前1300年前后的中国甲骨文都处在这一阶段。随着文字的发展，发音符号的抽象性逐渐加强，大大超出了符号的具体性，它们

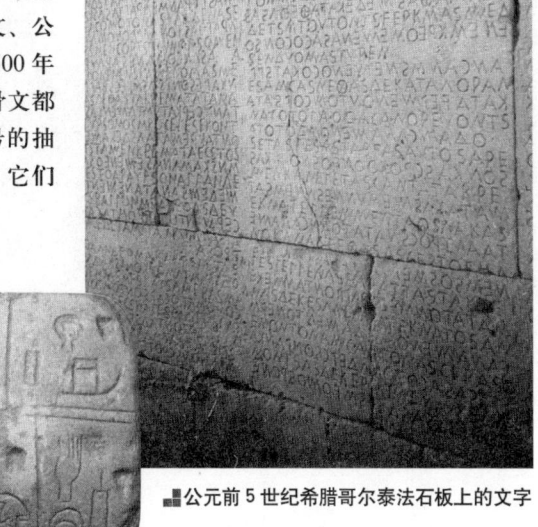

■公元前3200年的陶土"书板"
上边的一块记载的可能是货物，右边的陶土块意思尚不明确，但肯定表示了更丰富的信息。

■公元前5世纪希腊哥尔泰法石板上的文字

愈发灵活了。

文字发展的最后一个阶段是字母文字，字母文字标志着文字规范化的到来。美国语言学家格尔帕认为，第一个能被公正地称为字母文字的应该是希腊语。希腊语在公元前9世纪充分接受了闪米特语的音节表，发展了元音制度，而且，首创元音与辅音的结合，第一次导致了完备的字母文字体制的问世。

最早的文字是公元前3000年初期苏美尔人印刻在泥板上的图画。后来，当文字的发展较为显著时，削尖的、楔形形状的茎秆笔成为常见的书写工具，这样楔子形状的文字本身逐渐地被称为"楔形文字"。这种文字最早是从上至下在圆筒上书写的，后来到了公元前2600年就改为在水平面上从左到右书写。

人类文字发展到现在经过了由复杂到简单的发展阶段，表音文字成为文字发展的最高阶段，它将越来越方便于人类的交流和发展。

■这是3300年以前中国商朝时期的一块 刻在甲骨上的卜辞

文化

■黄昏中的巨石阵

远古的巨石阵真的是天文观测仪器吗?

英国巨石阵遗址是天文观测仪器吗?

在英国古老而广漠的平原上矗立着许多奇特的巨石建筑,它们经历了几千年的风雨洗礼,也见证了人类历史沧海桑田的变迁。这片建筑被人们称为"古代巨石阵遗址",它也是令人难以破解的世界之谜。

根据科学家实地考证,巨石阵最早建于约公元前2800年的新石器时代后期,那时已建成了圆沟、土冈、巨大的踵石和"奥布里坑群"的巨石阵的雏形。约公元前2000年,巨石阵建筑的第二阶段已基本完成了整个巨石阵。蓝砂岩石柱群和长长的通道是这一阶段的主要建筑。最为重要的是巨石阵的第3期建筑,时间大约在公元前1500年,这时

■巨石阵局部

沙石圈和拱门已建成，巨石阵已全部完工，这就是人们现在所看到的雄伟壮观的巨石阵遗址的全貌。很重要的一点是，整个巨石阵的工程需要150万人工，而整个建筑遗址中，始终找不到用牲畜和轮载工具的痕迹。

几百年来，人们一直被神秘的巨石阵遗址困扰着，然而为了将巨石阵的谜底揭开，有众多的科学家投入到了这方面的研究。1126年，英国史学家杰弗里编写的《中世纪编年史》是关于巨石阵的最早记录，认为巨石阵是由亚瑟王的谋臣梅林用魔法从爱尔兰运到英格兰作葬地材料用的。

■巨石阵

对于巨石阵的研究，几百年来一直没有停止过，然而人们始终没有搞清巨石阵原先的建造目的究竟是什么。以往的考古学家大多数认为：巨石阵是举行祭祀活动的宗教场所，或是当时英格兰早期居民的基地。"奥布里坑群"里发掘出的人类遗骨能够有力地证明这种观点。但是，类似这样的巨石阵分布在地中海沿岸，其中主要是英国和法国的广大地区，这又说明它们不可能都是祭坛或墓地。

另有一些天文学者认为巨石阵是远古时代的天文观测仪器，这种观点比较令人信服。的确，巨石阵的神秘色彩与天文学有着不同寻常的联系。巨石文化专家阿特金森指出：当时蒙昧落后、没有任何先进计算工具的史前人类建造如此精密的天文仪是不可能的。英国天文学家霍伊尔提出反对意见：作为天文观测仪的材料为何不用轻便的材料和泥土而使用难以开采的大砂岩？这样不是要耗费大量的劳力吗？而且奥布里坑群中的人类遗骨与天文学也很难联系起来。况且，如果是高度发达的史前文明的结晶，为什么又消失了呢？人们因此又回到宗教这个传统观点上去，甚至有人认为巨石阵与外星人有关。

英国巨石阵遗址究竟是进行祭祀活动的宗教场所？还是古人用来观测天象的天文观测仪？还是外星人在地球活动的遗迹？抑或是其他？对于这些，人们目前都无从知晓，也许它将永远是个谜。

■巨石

文化

世界历史未解之谜 文化

狮身人面像之谜

在古老的埃及，应当说金字塔是最吸引世人注意的，其次就应属胡夫金字塔旁的狮身人面像了。

那么，狮身人面像究竟建造于什么时间？建造者是谁？所谓人面是何人之面？它建在胡夫金字塔旁边，与胡夫有什么关系呢？

一种观点认为，人面狮身像是在埃及古王国时期建造的，第四王朝的法老卡夫拉（其在位时间是公元前2520～前2494年）是建造者，理由是：狮身人面像的面孔与卡夫拉本人十分像，当时卡夫拉法老正是以自己的肖像为模型让人塑造狮身人面像的面部的。但是迄今为止，人们也从未见到过卡夫拉的尸体，仅凭卡夫拉的雕像不足以做出以上判断。

■画家笔下的狮身人面像

美国一位学者约翰·安东尼·韦斯特通过研究狮身人面像发现："这尊矗立在基沙西部高崖上的雕像，除头部之外，整个狮身都现出无可争辩的水浸迹象。"韦斯特进一步推测，理论上并没有将人面狮身像受过侵蚀的可能性排除。因为大家早就一致认为，埃及过去曾多次受到尼罗

■狮身人面像全景

河特大洪水和海水的困扰。就在不那么遥远的古代还出现过一次这样的洪水，人们把这次洪灾归因于最后一次冰季冰川融化。一般人认为，最后一次冰季的时间是在公元前10500年前后，而尼罗河周期性特大洪水就在这之后发生。在公元前1万年前后发生的是最后一次大洪灾。据此可以推断，如果人面狮身像受过水浸，那他一定建成于洪水发生之前……如果韦斯特的推测能够成立，有关狮身人面像的建成时间则可以追溯到公元前1万年以前。

随着岁月的流逝，狮身人面像胶泥剥落，遍体斑驳。尤其是它的鼻子不知什么时候不见了，结果留下了一个难看的伤疤。有人说，拿破仑下令炮轰狮身人面像只是为了找到通往金字塔的秘密通道。也有人说，它是被拿破仑的士兵当作靶子用大炮轰掉的；而另据中世纪阿拉伯著名的史学家马格里齐记载，石像的狮身部分一度曾为沙土所覆盖，经常有人前来对它顶礼膜拜。有一位名叫沙依姆·台赫尔的苏菲派教徒为了反对偶像崇拜，就爬上石像的头部，用斧头将它的鼻子砍下，造成石像被毁容。马格里齐还说，狮身人面像被毁容以后，飞沙把附近的农田掩埋，造成了十分严重的自然灾害，当地老百姓将其视为太阳神发怒的结果。

当然也有人认为，将狮身人面像鼻子毁去是自然力作用的结果而并非人为的。狮身人面像由一块完整的岩石雕成，而雕像的鼻子部分由于石质较差，更容易受到风沙侵袭。

■ 阿蒙内姆哈特法老的狮身人面像

■ 胡夫金字塔及狮身人面像

文化

■古巴比伦城墙遗址

"空中花园"真是古巴比伦国王所建吗？

作为世界古代七大奇迹之一，古巴比伦的空中花园让人惊叹不已，"想象其形而心向往之"。然而，正因为没有见到其实物的存在，从而让人对其真实性产生了怀疑。

传说巴比伦空中花园是新巴比伦国王尼布申尼撒二世所建。因为他美丽的王妃塞米拉米斯常常思念她那山清水秀的故乡，加之，她也不习惯于巴比伦炎热干燥的气候和单调的平原景色。所以，尼布申尼撒二世下令在巴比伦城中建起立体式的空中花园，以博取王妃的欢心。

但是，现在对于空中花园为尼布申尼撒二世所建的说法，不少人产生了质疑。他们认为空中花园更可能是在尼尼微而不在巴比伦。建国者不是新巴比伦国王尼布申尼撒二世，而倒有可能是早他100年的亚述国王辛那赫瑞布了，为什么有如此说法呢？

■神秘题字

在这幅17世纪画家伦勃朗的绘画中，古巴比伦国王在宫殿中举行宴会，他看到一只脱离肉体的手在墙上写字，不禁惊骇万分。神秘题字预示，巴比伦将沦入波斯人之手。

空中花园
巴比伦空中花园是世界七大奇迹之一，这幅素描展现了空中花园全盛时的景象。

空中俯瞰巴比伦宝塔式建筑 遗址

被誉为"历史之父"的希罗多德在其书中对巴比伦金碧辉煌的宫殿和神庙建筑以及房屋、街道、商贸甚至连浮雕、装饰等多处细节都作过仔细描述，并且盛赞巴比伦的"美丽远远超过了世界上的任何城市"。可是书中他却单单不提空中花园，这是一个疑点。

同样也是罗马史学家的色诺芬在其著作中赞美了巴比伦城墙的雄伟壮观，但对空中花园却也是只字不提。难道根本没有存在过这样一个建筑？

而且，人们至今没有找到有关尼布申尼撒建造空中花园的记载，不过在有关亚述国王辛那赫瑞布的许多文献记载中却不止一次地提到他在尼尼微城中建有一座美丽的花园，并引城外的河水入城中浇灌花木。而辛那赫瑞布的后代也常常提及，他们常在尼尼微的这个人造山形花园中以捕杀从笼子里放到园中的狮子和野驴为乐。

尼布申尼撒二世死后23年，波斯人出兵占领新巴比伦城，他们还改变了幼发拉底河道，使河道远离了巴比伦城。按理说，巴比伦空中花园的花木肯定会因为缺水而枯萎，在百年之后不可能会还保持郁郁葱葱。可是在尼尼微的浮雕却表明，亚述人不仅采用"水泵"抽水浇灌人造花园，还用水槽将山泉引入园中。即使无人灌溉，花园依然可以苍翠如初。

以上两种说法都是言之有理，证据确凿，看来，今天的人们不仅不能看到那美丽的空中花园的"倩影"，连它的存在也只能是一个谜了。

女神雕像

文化

文化

世界历史未解之谜

古希腊奥林匹克运动会是怎样诞生的？

举世闻名的世界性的体育盛会——奥运会现已风靡全世界，4年一届的盛会已在人们的生活中占有极其重要的位置，也成为国家间增进友谊的纽带。人们都知道现代奥林匹克运动会是在古希腊奥林匹克运动会的基础上形成和发展起来的。然而古代奥运会又是如何起源和发展的呢？它的源头及形成年代又是什么地方什么时候？这些问题留给人们很多值得思考的地方，有关它的见解也各不相同，众说纷纭。

一种起源说认为，奥运会起源于神的谕示。古希腊神话中说，公元前884年，希腊国王为平息战乱，消灭疾病，派使臣去向太阳神阿波罗求签。阿波罗发下神谕：要想避免战祸，获得和平，一定要使奥林匹克赛会再兴。于是，4年一届的奥运会便创立了。这些毕竟只是美丽的神话，毕竟不是历史的事实。迄今，唯一能提供奥运会起源的文献资料，只有荷马史诗《伊利亚特》和《奥德赛》。这部古典名著比较全面地反映了公元前11～前9世纪的希腊人的社会生活，史称这一阶段为"荷马时代"。《伊利亚特》中的"帕特洛克罗斯的葬礼"一章中，记述希腊将领帕特洛克罗斯在攻打特洛伊城时不幸战死。阿喀琉斯为他举行殡葬仪式时，就举行了战车、拳击、角力、赛跑、决斗、掷铁饼、射箭、投标枪等内容丰富的竞技赛会，并发重奖给优胜者。在《奥德赛》一书中，记述了该书的主人公奥德

■掷铁饼者

■奥林匹亚古建筑遗址

赛，在宴饮时举行的竞技会上，曾亲自参加投石比赛，他臂力过人，获得这个项目的第一名。通过以上材料，人们可以推测，早在"荷马时代"，古代奥运会作为葬礼或宴饮的组成部分就在希腊出现了。

近几年来，考古学的发展使得许多专家和学者对古代奥运会的起源又做过不少研究，并提出了许多不同看法。这些看法主要有3种：一是古希腊奥运会起源于克里特岛。公元前15世纪，希腊人在米诺斯王国覆灭后继承了克里特人的文化传统，建立起奥运会。英国考古学家伊文斯在1900年，对诺萨斯城进行考古发掘，发现了男子角力、赛车、斗牛等壁画，为这一看法提供了生动的实物资料。二是希腊奥运会是由腓尼基传入的。不久前，贝鲁特大学考古学家拉比·鲍罗斯，通过对地下体育场遗址的发掘发现许多铸有运动员形象的硬币和腓尼基人的史诗，从而考证出首届世界性体育比赛，早在公元前15世纪的腓尼基（今黎巴嫩一带）就举行了。他认为当初之所以举行这种体育竞赛，是为了对古腓尼基人信奉的太阳神和他们所崇拜的英雄赫拉克里斯及其祖先梅尔卡特表示歉意。这种每4年举行一次的体育竞赛后来传到希腊，促使古希腊人建立起自己的奥运会。三是20世纪80年代初，国外考古学家对奥运会的起源问题，提出了新的见解。考古学家在雅典西南130公里处的涅柏亚布，发掘出一座可容纳4万多观众的运动场遗址，并有可供13名田径运动员同时起跑的177米长的跑道。专家考证：早在公元前1256年，在这座运动场里就举行了运动会。这么看来，古代奥运会早在荷马时代之前就诞生了，比第一次有记录的首届运动会（公元前776年）提早了约500年。

奥运会的规模现在已越来越大，能举行奥运会也成为一个国家国力的象征和骄傲，在几千年后的今天探讨古代奥运会的起源和发展仍具有很高的价值，人们期待着能对它进行深入的了解。

■ 黎巴嫩巴勒贝克城遗址
最早建于腓尼基时代，腓尼基人曾在这里修建神庙，供奉太阳神巴勒。据说最早的奥运会就是为纪念它而举行。

■ 奖品
在古希腊运动会上，赛跑获胜者的奖品是一只盛满了圣油并绘有赛跑场面的土罐。

文化

■ 维纳斯的诞生
全裸的维纳斯从海中贝壳里升起,据说她是宙斯和大海女神之一狄俄涅的女儿。

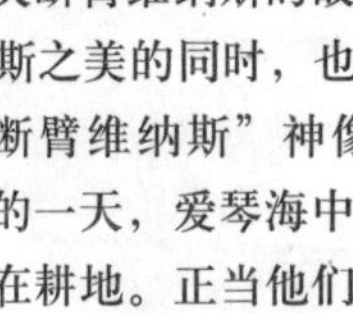

"断臂女神"维纳斯之谜

有关断臂维纳斯的故事在世界上广为流传,人们在惊叹维纳斯之美的同时,也对她充满了疑问和困惑。

"断臂维纳斯"神像是由一希腊农民发现的。1820年4月的一天,爱琴海中米洛岛上,农民伊沃高斯带着他的儿子在耕地。正当他们打算铲除一丛矮灌木时,突然发现了一个大洞穴,走进这座山洞,一座优美绝伦的半裸女大理石雕像展现在他们眼前。这就是"断臂维纳斯"神像。

这个消息很快便被法国驻希腊代理领事路易·布莱斯特得知。于是,他赶快把这一消息报告给了法国公使利比耶尔侯爵。侯爵从伊沃高斯手中以2.5万法郎的高价买下了这座雕像,偷偷地把它装上法国军舰,运往法国。雕像现陈列于法国巴黎著名的卢浮宫美术馆,成为卢浮宫的珍

■ 镀金花瓶
花瓶上的雕饰表现的是战神阿瑞斯和他的恋人阿佛洛狄忒的故事。

品之一。

　　"断臂女神"的再生使人们产生了一连串的疑问。她是谁？谁是她的制作者？她的手脚哪儿去了？断臂之前的姿态又是怎样的呢？

　　有关"维纳斯"名字的来源是这样的：在古希腊人神话传说中有一个专司"美"和"爱"之职的女神：阿佛洛狄忒。当这位"美"和"爱"的女神传到古罗马时代，罗马人将她称为"维纳斯"。当然，谁也没有见到过这位女神，所以自然也不可能知道她的形象是什么样的。然而，这尊在米洛岛上发现的雕像却成了她公认的形象，并被命名为"米洛的维纳斯"。有些人并不愿意使用她的这个"外国化"名字，因此将之正名为"米洛的阿佛洛狄忒"。他们这样命名的主要根据是：这座石像的脸型很像公元前4世纪古希腊名雕像家普拉克西德雷斯的作品"克尼德斯的维纳斯"的头部，所以这件作品又叫作"克尼德斯的阿佛洛狄忒"。

　　正因为有了这个相似之处，很多人断言她的创作者就是普拉克西德雷斯。但是也有相当一部分人认为这么优美的作品应该是公元前5世纪古希腊更伟大的雕塑家菲底亚斯或菲底亚斯学生的作品，因为作品的风格属于这个时代。时至今日，比较盛行的看法认为这是一件晚至公元前1世纪希腊化时期的作品；还有一种看法认为这只是一件复制品，仿制公元前4世纪某件原作的复制品，原件已经消失了……总之，对此说法甚多，众说纷纭。

　　然而，现在人们最感兴趣的可能是她的断臂：美人的手臂在何处呢？

　　人们曾经在发现石像的同一座洞穴里找到过一些臂与手的残碎石片。但这些究竟是不是这座雕像的手和臂的残片呢？对此，有人认为是，有人认为不是。

　　一些考古学家、艺术家曾经尝试着为"神像"修复手臂。对于她原先的手臂形状与姿态是什么样子，人们又各持己见。

　　德国考古学家福尔托温古拉设想，女神的左手向前伸，小臂搁在一根柱子上，并且她的手掌里握有一个金苹果；右手下垂按住已坠落在下腹部的衣裙。还有一种较为流行的意见是：她左手前伸，握着一面盾牌，右手腾空略向下垂，但是并不按住衣服。

　　"断臂"给这座雕塑笼罩上了一层神秘色彩，也更增添了她的残缺美。人们在发挥无穷的想象力试图去解开"断臂"之谜，也许这个谜永远都不会有答案。

■米洛的维纳斯

文化

忒修斯传说和克里特文明之谜

在古希腊神话传说中,忒修斯因其英勇而成为亮点人物。他有过许多英雄的壮举,但他最伟大的行动却是杀死牛头人身的怪物米诺陶洛斯。

米诺陶洛斯是帕西菲王后与一头公牛交配后产下的怪物。当时,强大的国王米诺斯在克里特统治着希腊,他和帕西菲结婚,但帕西菲却爱上了一头漂亮的公牛。帕西菲让发明家代达罗斯为她制作了一只木制的母牛,以便于她可以藏在里面与公牛交配。以后她生下了可怕的米诺陶洛斯——一个半人半牛的怪物。

米诺斯便求助于代达罗斯,修建了一个巨大的迷宫来囚禁这头牛头人身的怪物。每隔9年,国王都要送14个雅典童男童女到迷宫喂这头牛头人身的怪物。这

忒修斯找到父亲的信物 油画

黑皂石雕成的公牛状酒器
此器皿是米诺斯人用来盛圣液的,而公牛具有特殊的宗教意义。

也是为死于雅典人之手的米诺斯之子安德罗奇斯报仇。在忒修斯以前,从来没有一个年轻人生还。忒修斯是雅典国王埃勾斯的儿子,他自愿前往。忒修斯承诺父亲他会回来,并且将升起白色的风帆来表明他的胜利。忒修斯杀死了牛头人身怪物,走出了迷宫。这样就结束了雅典年轻人被残害的无谓牺牲,克里特对雅典的统治也就结束了。

■ 陶瓶画
忒修斯杀死牛首人身的怪物。

对于忒修斯的故事和克里特文明,后人曾做过深入研究。1900年,牛津阿尔莫宁博物馆的理事亚瑟·伊文思来到了克里特。他的发现证明克里特不仅仅是伟大帝国的中心,而且有关忒修斯的故事远远不像曾经看起来的那般充满幻想。

19世纪20年代的艾伦·瓦斯和19世纪30年代的卡尔·布利根,发现了与克里特文明同时存在的"迈锡尼"文明的证据,这种文明明显独立于克里特文明。他们认为,在公元前1500年后某些时候,迈锡尼人征服了克里特人并接管了诺塞斯。至此,迈锡尼文明得以繁荣发展。

这些材料,在某种程度上似乎进一步证实了忒修斯的传说是有一定历史根据的。和迈锡尼人一样,雅典人是希腊人,所以忒修斯的胜利可能意味着在某次(或者连续几次)实际的战斗中迈锡尼希腊人击败了牛头人身的克里特人。

在迈锡尼人如何替代克里特人这一问题上,考古学家斯皮里宗·马里那多斯有自己的观点,他相信是自然灾害削弱了克里特,以致为迈锡尼人打开了方便之门。他认为,是锡拉岛上的火山爆发行使了这一使命。火山爆发可能源于地震,反过来又引起海啸毁灭了克里特。他坚持,地震和海啸的破坏足以迫使克里特人向迈锡尼人敞开大门。实际上,在克里特的考古学证据似乎表明,是火而不是火山灰或洪水引起了这里大多数的毁坏。

所以大多数科学家——虽然不是所有的——都否定锡拉岛火山在克里特文化衰败中扮演过重要的角色。那是否就意味着忒修斯扮演了替代者的角色呢?是忒修斯(或是他作为希腊人的象征)杀死了牛头人身的怪物(或者怪物是克里特人的象征)?由于年代久远,此外也没有众多的史料可考,也许进一步的发现和研究能为这个看似完全虚构的故事增加一点可信度,从而解开克里特文明之谜。

■ 克里特母神
这位神是米诺斯宗教的核心。落在头上的鸽子象征着她的神圣,手中紧握着扭动的蛇则是提醒信徒记起她与地狱的联系。

文化

希腊智慧女神为何从父身诞生？

在希腊神话传说中，智慧女神雅典娜集其父母的智慧于一身，她的出生成为后代许多专家学者们研究的对象。

■持盾的雅典娜神像浮雕

雅典娜是天神宙斯和智慧女神墨提斯的女儿。临产前墨提斯对宙斯说，将要出生的孩子一定会比宙斯更强壮、更聪明。宙斯唯恐降生后的孩子会危及他在奥林匹斯山的统治地位，于是他就将墨提斯吞到肚子里去了。不料，宙斯突然感到头痛欲裂，急忙让火神赫菲斯托斯用斧子劈他的脑袋，这时满身铠甲的雅典娜就从宙斯脑袋里呼叫着蹦了出来。这就是她那不寻常的诞生。

那么，雅典娜为什么不是脱胎于母腹，而是由父亲产出呢？她为什么偏偏从脑袋里蹦出来呢？

当然，对于神话，人们没必要探究其真实性，而应关注它的社会背景。长期以来，许多学者对此做了深入探讨，并从各种不同角度提出了不同的看法，归纳起来主要有以下三种：

■宙斯雕像

有人认为，这段传说只是想说明雅典娜是宙斯的化身。在希腊早期神话中化身法是常用的造神手法。这种方法可使彼此孤立的神之间产生一种类似于人类的血缘关系，从而构成一定的体系，增强了神话的故事性和神秘色彩。

但是，更多的人则认为，这个传说反映了早期人类一定的历史状况。他们认为这段传说实际上反映了人类父权制开始取代母权制的情况。而且，雅典娜就曾经说过："我不是母亲所生的人。我，一个处女，是从我父亲宙斯的头里跳出来的。因此，我拥护父亲和儿子的权力，而反对母亲的权力。"这意味着女人已经依附于男子，母权制已被父权制所取代。这种说法看来论证比较严密，但也是有漏洞的。这种观点如果要成立，还必须解决如下两个问题：第一，据传说宙斯的妻子是宙斯的同胞姐姐，他们在洪水灾难中死里逃生，并结为夫妻。从这里可明显看出族内婚的痕迹，如果说父权观念在人类族内婚阶段就已出现那是绝对不可能的。第二，希腊父权制取代母权制是在英雄时代，这早已成定论。从神话描写中可看出雅典娜出生距英雄时代还有相当长的一段时间，是否能说这一过程自雅典娜诞生时已经开始，尚待探讨。

还有一种观点认为，这段传说应该与雅典娜在希腊神话传说中的地位和作用有关。雅典娜在希腊神话中是聪明过人的智慧女神，所以把她说成是智慧女神和天神宙斯的女儿。为了让雅典娜没有对手，神话的创作者又煞费苦心地让宙斯把这位老智慧女神吞进肚子里，于是聪明的母亲"隐居"了。这样一来，会更显示出其女儿过人的智慧。当然，这种推论虽然圆满地解释了这段传说中令人费解的情节，但没有涉及复杂的社会背景，是否正确也很难说。

上述三种观点各有道理，但都不能成为定论。之所以如此，可能有这样一些原因：第一，早期神话产生于非理性的、原始的心理状态。第二，神话本身具有两重性。其一是历史的、现实的，它是有其历史现实基础的；其二是虚幻的，即非历史的部分。两者交织在一起，因而神话中的历史与宗教、想象与现实的界限总是模糊的。

■雅典娜女神头像

她头戴羽盔，身披缠着蛇的斗篷。这是战神的形象。

■雅典卫城的帕特农神庙

美洲人修建太阳门目的何在?

在世界上最高的淡水湖喀喀湖东南的安第斯高原上耸立着美洲古代最著名最卓越的古迹之一——太阳门,它是蒂亚瓦纳科文化的杰出代表。太阳门因其神秘性成为专家研究的目标。

太阳门高3.048米,宽3.962米,由重达100吨以上的整块巨型中长石雕镌成,中央凿一门洞。据说每当9月

■ 太阳之门

太阳之门的石雕用独块巨石雕琢而成,在正前方的上端雕着太阳神的形象。

21日黎明时，第一缕曙光总是准确无误地从门中央射入。门楣正中间刻制着一个人形浅浮雕。从这个人形神像的头部会放射出许多道光线，他的双手各持着护杖，在他两旁平列着3排48个相对较小的、生动逼真的形象，3排中的上下两排是带有翅膀的勇士，他们面对神像；中间一排是人格化的飞禽。这块巨石在发现时已残碎不堪，1908年经过一番整修，恢复了旧观，放在了今天人们看到的基地上。

那么，在古代美洲居民还没有制造出带有轮子的运输工具，也没有使用驮重牲畜的情况下，到底是什么人，在什么时候，又是为什么在这云岚缭绕、峭拔高峻的安第斯高原上建造了这座雄伟壮观的太阳门呢？这个问题至今还没有正确的解答。

■黄金饰品
在美洲人心目中，黄金是太阳的象征。

为了弄清这些问题，许多国家的考古工作者进行了巨大的、艰苦卓绝的研究工作。

美国考古学家温德尔·贝内特用层积发掘法证明蒂亚瓦纳科文化最早年代是在公元300～700年，而太阳门和其他一些建筑应是在公元1000年前正式建成的。他认为，这儿曾是一个宗教圣地，朝圣的人们在这儿举行朝拜仪式并建造了这些建筑。

蒂亚瓦纳科考古研究中心主任、著名的玻利维亚考古学家卡洛斯·庞塞·桑西内斯和阿根廷考古学家伊瓦拉·格拉索用放射性碳鉴定，蒂亚瓦纳科建筑应该是开始于公元前300年，而建成美洲这一灿烂辉煌文明的大约是在公元8世纪以前，一般看法认为是在公元5～6世纪。建筑者可能是居住在安第斯山区的科拉人，他们认为蒂亚瓦纳科建筑是一个举行宗教仪式的中心场所。太阳门极有可能是阿加巴那金字塔顶上庙堂的一部分。

美国历史学家艾·巴·托马斯也同意遗址是科拉人建立的这一理论，但他却并不以为这里曾是一个宗教中心，他说那里没有宗教和武功纪念碑，看起来却像是一个商业中心。阶梯通向的地方是中央市场，石门框上的那个人形浅浮雕是雨神，辐射状的线条是雨水，两旁的小型刻像象征着他们朝着雨神走去，以承认他的权威。

太阳门是外星人制造的吗？如若不是，那美洲人建造它的目的何在？专家们对于这些问题众说纷纭，无一定论。但人们相信，随着考古资料的不断发掘和科学技术的进一步发展，人们终会撩开笼罩在太阳门身上的迷雾的。

■蒂亚瓦纳科的巨石雕像

■罗马历史地区今景

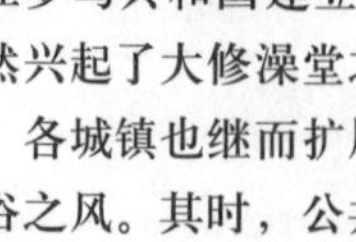

古罗马人为何沉溺于沐浴？

■古罗马蒸气浴池及浴瓶

在罗马共和国建立初期（约公元前400年），上流社会突然兴起了大修澡堂之风。罗马帝国版图日益扩大并强盛后，各城镇也继而扩展，公民生活优裕，社会各阶层盛行沐浴之风。其时，公共澡堂很受欢迎。罗马城内的澡堂是最豪华的，其内有热气室、热水浴池、冷水浴池和凉气室。如果一个人跑去洗澡，往往先在特设娱乐室里打球或者做些别的锻炼，随后脱光衣服在热气室内直到全身热汗淋淋，再用油洗净，然后洗热水澡，凉了之后便跳进冷水浴池以强身健体。热澡堂就像一间附设芬兰蒸汽浴或土耳其浴及公共游泳池的现代健身室。

但这并非罗马热澡堂的全部内容。罗马和其他城市的大型热澡堂规模宏大且气派，内有大理石柱、精美拼花地板、穹隆天花板、喷水池和塑像。罗马城内名喀拉凯拉皇帝修建的澡堂，方圆11公顷，可供1500多人同时洗澡。罗马市中心戴欧克里兴皇帝的热澡堂占地更广。很多热澡堂除游戏室、热气室和浴池外，还有酒吧、商店和咖啡座。

■ 地坑集中供暖系统

古罗马的地坑集中供暖系统的原理是：热气上升，并能同时为水加热，为私人住宅的房间和公共浴室保暖。

罗马热澡堂因获得国家和私人捐助，通常收取很低的入场费，有些甚至无须交费。所以无论是富人还是穷人，只要是公民便可前往热澡堂去过过瘾，或者夸耀一番。

澡堂是拥挤巨大的喧嚣场所，为何人们还会乐此不疲地沉湎于泡澡堂呢？人们从旧电影及盛传的传说中，知道罗马人祭祀酒神的秘密宗教仪式通常在个人领域悄悄地举行。但在澡堂里有更多足以诱惑人异想天开的事物，想染指的人也很容易发现捷径。在很长的一段时间，许多澡堂允许男女共浴，因此经常招致大群娼妓大肆交易。其他公共澡堂里，许多男男女女赤身裸体，在热气室和浴池里动手动脚，也引发不少今日称为换妻的放浪行为。澡堂终致丑事频出、臭名远扬，所以公元2世纪哈德里安皇帝颁布了禁止男女共浴的禁令，而从此男女两性洗澡时间就不同了。

澡堂也成为狂饮者的最佳场所。不管在运动室或热气室里，总会感觉口干舌燥，那就更易借口喝上几大杯酒。酒使人迷失本性，结果口角和打架之类事情不断发生，喝得烂醉的人较受人注意，小偷扒手也趁机下手，流氓又借机抢劫，因此澡堂安全也成为人们头疼的事情。

不少罗马人也从沐浴风俗中看到堕落腐化的迹象。富人们喜欢夸耀财富，他们华衣盛装来到公共澡堂，带一群奴隶在两旁伺候，替主人宽衣，用油脂为主人身体按摩，再用金属或象牙制成的上有槽纹的刮板把皮屑刮净，然后全身抹上珍贵的香水。有些年老有德的人看到沐浴前的体操和游戏及涂油脂刮皮屑的夸耀行为，不禁皱起眉头。

现在，曾经辉煌奢华的罗马澡堂已成为众人观赏的废墟，罗马大厦在穷奢极欲中坍塌了。人们在追寻古罗马昔日遗风的同时不能不感慨世事的变迁和历史的无情！

■ 出浴的少女

文化

文化

世界历史未解之谜

罗马竞技场上的猛兽来自何处？

巨大的竞技场内，群兽涌动，人声喧闹，欢呼声、惨叫声不绝于耳，这是人们在影片中经常能看到的罗马帝国竞技场的一角。要想知道罗马帝国昔日的繁盛，从这小小的竞技场一角便能窥见一斑了。

竞技场表演的节目多种多样，野兽相搏便是其中一种。例如野牛与熊互斗，先把两兽用绳子分别拴住，为避免野兽跑开，把绳子末端系在地上的柱子上，然后观者在旁边挑拨，使两头野兽互相抓咬撕扯。另外一种表演是由一个或几个斗兽士与豹、狮子或其他野兽角斗，把猛兽打得精疲力竭后才杀死。如果到后来野兽不但没死，反而把人咬死了，也无关紧要，因为大多数格斗士都是由奴隶充当的。当然也有例外，公元2世纪的罗马皇帝柯摩连是一个特殊例子，他喜欢亲自到竞技场内表演；有一次，他用弓箭从竞技场上的御座上射杀了100只鸵鸟，得意了一阵子。

一般的年头，罗马帝国每年合计要杀死几千头野兽，要把那么多的野兽在竞技场上杀死，那就使不断地输入野兽成为必然。在罗马各行省的竞技场上，一般用当地容易捕捉的兽类（如北欧多用熊和豺狼），有时用上一头豹或老虎就可算做是特别节目了。但是在罗马，由于斗兽表演需要皇帝下旨方能举办，因而必须使用能突显罗马皇帝君临世界的威严的外来异兽。然而由于输送量如此庞大，所以运来定量的老虎、狮子、象等野兽是相当困难的事。即使拥有现代的交通工具，输送野兽也必定是花费大而困难的工作。因此，古时候以帆船和牛拉大车把野兽从好几百里外运送至罗马，并且每年运送数以千计，一定更加不易。

非洲野生动物种类繁多，成群结队，当然是绝佳的捕兽地方，但非洲没有老虎，罗马人只得远赴波斯和印度狩捕。一般每一支驻扎在某一地区的罗马军队都以捕兽为首要任务，当地猎人有时也协助捕捉。当时的人捕捉野兽时，旨在捕兽，所以施用饵诱或设陷阱等方法用尽，全然不顾滥捕滥杀。有一个方法是把酒倒入小水洼中，等动物出来

■捕捉野兽 壁画

罗马人将野兽围住，试图捉住送往斗兽场。此画描绘的就是人兽相斗时的紧张场面。

■人兽相搏的壁画

喝得醺醺然或醉倒的时候，很轻松地就可用绳捆绑了。另一个捕兽方法是把一只小动物丢进挖好的坑中，利用小动物的惊叫把狮子、老虎等大食肉兽引来，这些野兽一旦落入坑中，便立刻被诱入装有诱饵的笼里。有时也用这种方法来捕捉大象。

　　捕获野兽后要由陆地和水路运送到罗马。为避免野兽中途死亡，如若是从陆路运送，总要停在好几处地方休息一周左右，因为被关在牛拉的笼车里的野兽，一路颠簸，极易消瘦劳累，要休息些许才能恢复。皇帝诏令罗马帝国境内所有城镇，必须无偿为运兽车队提供食物。即便这样，大多数野兽不是中途死了，便是运到罗马时已羸弱不堪，奄奄一息。那些在罗马时仍活着的野兽都被送至御兽园以生肉喂养，使之保持凶猛状态。最后，把整群养精蓄锐的野兽驱入满是坡道、笼子和大升降台等设施的竞技场地下室。不过，进入竞场后能活着回来的野兽就没多少了。

■斗兽浮雕

■古罗马斗兽场遗址

■吐火怪
这只青铜像塑造的是一只狮头、羊身、蛇尾的吐火怪，可见罗马人对动物的喜爱和勇猛好斗的性格。

文化

世界历史未解之谜

玛雅文明为何如此先进？

智慧的玛雅人创造了灿烂的玛雅文明，但直到1576年，由于西班牙王室使者迭戈·加西亚的发现才使得在中美洲丛林中沉睡达几个世纪之久的玛雅文明浮出水面。几个世纪以来的研究表明，玛雅文明已达到了令人吃惊的先进程度。

公元前1000年，玛雅人在危地马拉、洪都拉斯、墨西哥等地过着定居的农业生活，从此，玛雅文化开始形成。

据研究，玛雅人有独特的年表体系，他们把各个重要的历史日期记载在石碑、绘画里，甚至陶器上，通过对年表象形文献的分析研究，人们能准确地知道发生的历史事件，知道在玛雅各个城市中几个主要历史人物的名字及其出生、登基、去世的日期和地名。

根据传统的年表，玛雅文化史可划为三个阶段：（一）前古典时期，约从公元前1500年到公元317年；（二）古典

■古代玛雅的神明 塑像

■蒂卡尔古城遗址
玛雅文明至今让人叹为观止，是什么原因促使它发展到了如此繁荣高超的地步呢？

198

时期，从公元 317 年到公元 889 年；（三）后古典时期，从公元 889 年到 1697 年，至此，最后一批有组织的玛雅人被西班牙人征服。在不同的时期，玛雅文明呈现出不同的特征。

在前古典时期，已经出现了玛雅历法。南部玛雅人在制作陶器、石雕艺术等方面取得了巨大的发展。中部玛雅人建有房基，也制作陶器；建有拱顶和添加灰浆的毛石工程；还竖有一系列初期的古碑。北方玛雅人不仅可以制作简陋的原始陶器，而且还建有大型的宗教中心。

大约在公元元年前后，玛雅人独立地创造了象形文字。玛雅人以石碑作年鉴，每 20 年立一块石碑，以记载发生的重大事件。令人遗憾的是，用玛雅文字撰写的典籍都被西班牙殖民者入侵美洲时当作"异端邪说"而烧毁了。现得以幸存下来并公认的只有 3 本，即《玛雅三抄本》。

另外，玛雅人也十分精通天文学，他们能准确地预测到日食、月食，并计算出金星公转的周期，其数据的精确度超过同时期的中国和欧洲。他们还制定了太阳历，将一年分为 18 个月，每月 20 天，外加 5 天的 1 个月，共计 19 个月计 365 天，对时间的计算其准确度超过了当时世界上通用的格列历。玛雅人在数学上也成就斐然。早在公元前 3000 年，玛雅人就发现和使用了 0 这个数字，这比世界上其他民族要早 800 年。

在古典时期，南方玛雅人产生贸易交换并得以繁荣。到后期，除了北方地区之外，大都出现了文化衰退。在中部地区有美丽的彩陶和石雕，还出现了更为精美的毛石工程、加工精细的尖顶石碑雕刻和特佩乌陶器。

在建筑、雕刻和绘画上，玛雅人更是堪称一绝。在他们建造的宏伟壮观的宫殿与欧洲最大的宫殿不相上下，巧夺天工的石砌金字塔、太阳庙堪与埃及金字塔媲美，而且镶嵌在每一建筑物上的巨型石雕精美绝伦而又含意深邃。更有意思的是装饰在建筑物正面的蛇形神面具与中国商朝时代祭皿上的饕餮纹十分相似。

在后古典时期，南方玛雅人被托尔蒂克人征服。这里的玛雅文明出现了陶制塑像，在山岗顶上建有防御工事。后来，北方玛雅人也被托尔蒂克人征服；并在奇钦伊察形成了一个巨大的统治中心，人们崇拜"库库尔坎"——长羽毛的蛇神；制成精致的器皿。奇钦伊察后被遗弃，玛雅人迁都于玛雅潘。

玛雅文明现已成为人类文明史上一颗璀璨的珍珠，尽管它被湮灭在历史的洪流中，然而它的光辉将永远闪耀着。

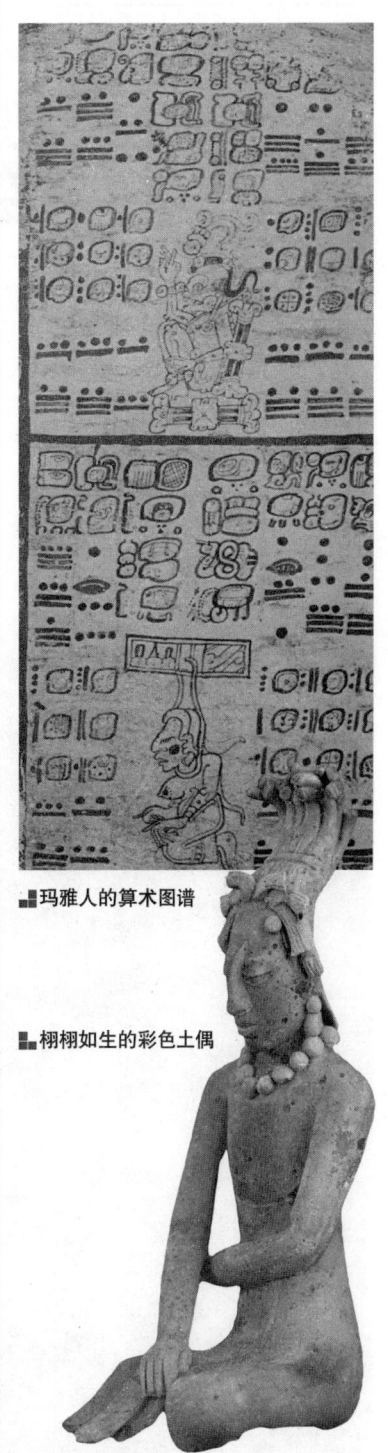

■ 玛雅人的算术图谱

■ 栩栩如生的彩色土偶

文化

文化
世界历史未解之谜

古印加人为何将"空中之城"弃之而去?

神秘的"马丘比丘"这座空中古城在被废弃了近1个世纪之久后又重新展现在世人的面前,它位于乌鲁班巴河峡谷中,马丘比丘山的山顶,它的雄伟壮丽让世人惊叹不已,但对它的种种疑问也时时萦绕在人们的心头。

根据传说,"马丘比丘"是印加帝国的缔造者曼科·卡帕克的出生地。它位于印加帝国首都库斯科以北118公里处,名字取自它所在的山峰,字面意思是"老山峰"。

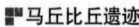
■马丘比丘遗迹

它三面临河,一面靠着白雪皑皑的萨而坎太山,地势极为险要。正是因为如此,它才躲过了西班牙征服者和天主教士的侵扰与破坏,得以完整保留。

城中建筑极具宗教色彩,凡是磨制光滑、对缝严整的建筑均为神庙,且都配备3扇窗,缝与缝之间没有任何黏合物粘接,连最锋利的刀片也插不进去。墙上的每一块石头都像是在玩拼图一样被巧妙地连接起来,与其他印加遗址的风格大相径庭。

在城市中间的"神圣广场",

■鱼形容器

矗立着一座巨大的日晷,马丘比丘人通过它来测定每天的时刻。在古城的一端还有著名的太阳神庙和"拴日石",印加人希望用拴日石永远留住他们心中至高无上的神——

■陶制花瓶

■坚固的建筑
图中墙上的壁龛是印加建筑共有的特征,可以起装饰作用。印加帝国的砖石匠把石缝做得非常严密,即使地震,石墙仍能回到原位。

太阳——万物生命和希望的起源。

勤劳的马丘比丘人还在城堡对面的山峰上筑出一层层梯田,并在每一层上开凿了引水渠,引来雪水浇灌农田,企望获得丰收。

拥有如此美丽而逍遥的空中之城,马丘比丘人为何离开自己理想的家园?没有任何留恋,没有任何先兆,到底是什么原因呢?很多人认为是因为西班牙征服者的原因。可是,根据历史记载,当年侵略者的铁蹄并未能够踏上这里,并且,考古学家在研究中还发现,早在1533年,西班牙人征服印加帝国之前,马丘比丘人就已经离开了这座美丽的"空中之城"!即使真的是因为西班牙人的入侵,想想印加帝国的雄厚实力,拥有万骑精锐的印加人,居然不敢和100多人的西班牙入侵者作殊死的战斗?这种解释恐怕站不住脚。

今天的考古学家在绵延的安第斯山脉中,陆续发掘到许多印加帝国的遗迹,证明印加人确实是抛弃了他们美丽的家园,而在荒芜的山地中重建了他们理想的国度。

马丘比丘人在云雾缭绕的山顶建造了美丽的空中家园,他们在此安居乐业,可是他们又离开了这方他们赖以生存的乐土去重建家园,到底是为了什么?是上苍的旨意,还是部落之间的侵袭与纷争,还是奴隶们的反抗使其统治坍塌了?目前没有任何证据能解释他们为何弃家而去,印加和马丘比丘人给人们留下了一道无法解答的难题。

■印加人像

文化

世界历史未解之谜 文化

《天方夜谭》故事的背景是巴格达城吗？

世界上最著名的阿拉伯文学作品是《天方夜谭》，又名《一千零一夜》，至今仍对世界各国人民影响深远。那么其中的故事都是以巴格达为背景吗？这一问题引起了很多人的兴趣。

其实，《天方夜谭》中的故事并不是纯属虚构，或者说出于丰富的想象力。这些故事都有一个真实的地方作为依据，而且在那个地方又确实曾经出现过故事中那些人物。事实往往要比故事更出人意料：《天方夜谭》的故事背景，其实是中古时代的巴格达社会。

公元762年，回教阿拔斯王朝建立了城市巴格达，它成为一个从埃及延伸至印度的回教王国首都。当时最有权

■ 商人远航壁画

一艘由阿拉伯人乘坐、印度船员掌舵的船只正驶向伊斯兰港口。穆斯林商人航行到他们已知的世界的各个地方去做生意。

■ 巴格达城

在这幅描绘巴格达城的图画中，用砖头建造的楼房在底格里斯河东岸拔地而起。作为阿拔斯王朝的首都，巴格达是当时的商业中心。它同时也是《天方夜谭》中的背景城市吗？

穆斯林的大清真寺

势的人是阿拔斯王朝第五任君主哈伦·阿拉悉。

哈伦统治下的巴格达城成为《天方夜谭》中许多故事的背景。巴格达是一个非常富有的城市，这儿积聚了与东方贸易赚来的大量财富。据传说巴格达太富有了，以致于在城中不大能找到穷人，就好像在无神论者的家里找不到《古兰经》一样。

当然，哈伦统治下的巴格达人并不是整天享乐，哈伦也并不是老得因娱乐和享受而挥金如土。哈伦虽然颇有才能，受人爱戴，但他的性格反复无常，甚至有时暴戾恣睢，器量非常小，睚眦必报。从他亲手倾覆著名的巴玛基家族一事中，人们可以清楚地看到这一点。巴玛基家族虽信奉回教，却是波斯人的后裔。巴玛基家族3代以来一直都是阿拔斯王朝的忠臣和谏官，并协助国王管理这个回教王国的朝政，他们整个家族的财富也毫不吝啬地供哈伦的宫廷挥霍。

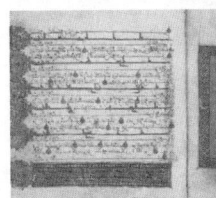
《古兰经》

可是，阿拉伯人和波斯人始终水火不相容。公元803年，哈伦突然废掉了他一向极为信任的臣仆，并且命人杀害了长久于私人宴会和宫廷庆典中随侍的查法·巴玛基。

在巴玛基族失宠之后，哈伦很快就遇上了麻烦。他开始面临各族冲突和内乱的威胁，于是哈伦企图将王国一分为二，分给两个儿子管治，借此来平息纠纷。因为哈伦的一个儿子是纯阿拉伯血统，另一个儿子却是波斯女奴所生。但这种分而治之的方法只能是将分裂加剧，而哈伦虽具有一些才能，却不是一位能干的治国人才，再加上没有巴玛基家族协助处理国事，哈伦的王国不久便分崩离析了。

不过，人们从现代回教世界保存下来的古代艺术建筑中，仍能看到哈伦统治时期的光辉。所以难怪那些受过他礼遇的人，借《天方夜谭》的故事来报答他的知遇之恩，使哈伦和巴格达城的名字永垂不朽。

阿拔斯王朝时期的舞蹈复原图

文化

世界历史未解之谜
宗教
Religion

一、释迦牟尼真的出身皇室吗？

一直以来，佛教徒们都认为释迦牟尼是佛教的创始人，尊称他为"佛祖"。但是，史籍却无关于释迦牟尼生平的准确记载，我们只能从佛教经典某些不连贯的充满神秘色彩的片断中去寻找蛛丝马迹。但是由于佛经是在佛教产生很久后才编订的，即使剔除神话成分，我们也有理由怀疑有关释迦牟尼的记载是否与历史事实相吻合或接近。这样，在学术界就产生了两种不同的意见：一种认为释迦牟尼在历史上并无其人；一种认为释迦牟尼是历史上的真实人物。

前者认为，释迦牟尼在佛教传说中完全是一个神仙。他在降凡之前即是佛的候补者——菩萨，而且在他之前曾有6个菩萨已成佛。有一天，他突然被定为未来的第7位佛（"觉者"、"智者"的意思），而且他脱胎之时已到，诸神急忙为佛寻访降世的国家和脱胎之人。最后，释毗罗卫国被选中了，因为，该国国王净饭王是印度各邦中最聪明、最勇敢的王，王后摩耶"是妇女中的珍珠，以其绝色，而得中选"，成为脱胎之人。于是菩萨化作一头白象

■ 释迦牟尼坐像

来入胎。不久后，王后受孕生下一小儿，这小儿就是释迦牟尼，他被命名为悉达多。他生下来就能行走，并精通所有书卷，熟知各种道理和故事，知道行星的数目。不久，老圣都阿私陀预言悉达多出家则成佛，在家则为统治天下的"转轮圣王"，他还指出了悉达多身上有佛所具有的种种异形体相。一日，悉达多随父去谒见天祠时，所有神像称他是"大智慧者"并拜伏在他面前。净饭王为了使他放弃出家的念头，用尽了种种办法，为他建造了春、

■佛陀降生

夏、雨季三宫，让他生活在秀色粉黛之间，尽情享乐。待到他成年后，又选了完美的女子与他成婚，婚后不久，生下一个儿子，取名罗睺罗。但悉达多还是得到了出游散心的机会，神意使他看见了老人、病人和死人。人有生老病死的现实如无情棒喝，提醒他富贵欢乐的虚空幻灭。至此，他决心出家修行。在众神的帮助下，悉达多得以出走，削发为僧，并成为一位隐者。出家后，他走苦行之路，先从2个沙门，后从5个比丘，苦行6年，身体衰弱，形同骷髅，但却一事无成，诸神皆为之担忧。这时候，他也领悟到苦行无益，于是取食净身后，来到菩提伽耶这个地方，坐在菩提树下，开始苦思冥想，以求证解大道。终于他悟得大道，成为至上的佛陀，时年35岁。此后，佛陀到印度各地去传道，广收门徒，多积善功，行大量奇迹。等到他80岁时，在拘尸那揭罗的双树间涅槃。火化后，许多国王来抢分舍利（佛的骨灰）。但是到今天为止，关于佛陀涅槃的时间一直没有确定，现有60多种说法，远的定在公元前1027年，近的定在公元前370年，相差悬殊。

与上面相反的意见则认为：在佛经关于释迦牟尼的生平记载中，虽然有不少充满神秘色彩的神话、传说，但也有很多历史事实，基本轮廓是可靠的。释迦牟尼的诞生地就在今尼泊尔泰米地区的梯罗拉柯提废墟。在释迦牟尼逝世200多年后阿育王曾在此立一石柱，说明此处是释迦牟尼的诞生地并埋有佛的舍利。目前不仅石柱保留下来了，考古学者还在此挖到释迦牟尼的舍利坛。另外佛经记载释迦牟尼结婚也是历史事实。

■佛陀鹿野苑宣法

宗教

基督教到底产生于何地？

许多研究基督教的学者现在都认为基督教于公元1世纪在巴勒斯坦地区产生。

苏联科学院人种学研究所一级研究员、著名宗教学者约·阿·克雷维列夫在其所著的《宗教史》（该书是苏联方面自十月革命以来第一次对宗教史进行系统而全面的论述的专著）一书中却对上述说法提出了不同意见，他认为教会关于基督教起源的传统说法，必然将基督教的产生仅仅同巴勒斯坦联系起来。因为根据"福音书"，想象中的基督教创始人，生卒都在巴勒斯坦。但是，只要不为有关耶稣这个人物及其作为基督教创始人的信条所束缚，那么，基督教产生的地点问题，便可通过既知的事实来加以解决。

▍早期基督教活动的密室

■耶稣壁画

依据大量事实可以做出结论,基督教不是在居住于巴勒斯坦的犹太人中间,而是在散居异地——可能是小亚细亚或埃及的犹太人中间产生的。《新约》和《启示录》都是用希腊文写成的。关于存在亚拉姆文或古希伯来文原本的推测,没有任何事实依据。居住在巴勒斯坦的犹太作者不大可能用异邦语言给巴勒斯坦的读者写书。而散居希腊化各国的犹太人,都用希腊文说和写;因此,只有用希腊文书写才能满足他们的需要。不过,《新约》的希腊文本是否能够证明,由于其作者不是犹太人,所以基督教不是在犹太人当中产生的呢?这种假设不大能够成立。首先,《新约》和希腊文本在遣词造句方面,充满浓厚的闪米特语味道。其次,基督教跟犹太教在思想内涵上的联系非常显豁,没有推断它不是从犹太教中衍生出来的。由公元1世纪中叶至下半叶这个地区的整个历史情况证明,当时的社会存在着极端紧张的政治气氛和思想气氛。一般都以弥赛亚降临说作为思想武器去反对罗马统治的起义,此起彼伏,连绵不断,最终导致了公元66～73年爆发的犹太战争。约瑟福斯·弗拉维优斯对战争的来龙去脉作了细腻的描写。按年代,这场战争发生于基督教产生和原始基督教社团形成的时期。弗拉维优斯谈到法利赛党和撒都该党以及奋锐党、艾赛尼派和西卡尼派,但对基督教却只字不提。由于原始基督教学说的特点与犹太教其他派别相比表现得更为鲜明,基督教徒对待战争的特殊立场,必然会以某种形式表现出来,也必然会引起起义营垒中的思想家和罗马当局,尤其是作为战争积极活动家之一的这位史学家的注意。由此可以推测,当时在犹太人中基督社团并不存在。

事实是,既知的基督教最早文献资料谈到的只有小亚细亚才存在基督教社团。仅凭这一点不足以证明基督教产生于犹太人散居之地,但将上述其他情况综合起来考虑,这点却非常重要。

宗教

207

犹太人世代多灾多难之谜

犹太民族不愧为智慧的民族，在诸多荣获诺贝尔奖的科学家中，绝大多数人来自犹太民族；犹太民族也不愧为富有的民族，在当今世界首屈一指的富家之中，犹太人又占了很大的比重。然而就是这样一个充满了睿智与灵性的民族，却时时刻刻与灾难并行。至今仍有许多人流散在世界各地，无家可归。

为什么会这样呢？

犹太人原称希伯来人，是一个游牧部落，大约在公元前十几世纪时由两河之间的美索不达米亚进入巴勒斯坦。居无定所的游牧部落，起源何地无关紧要。早在公元前十几世纪希伯来人进入巴勒斯坦后就以巴勒斯坦为家，长期定居了下来，可以说犹太人的故乡就是巴勒斯坦。

犹太会堂的唯一遗物

历经浩劫，耶路撒冷古老的犹太会堂早已风卷云散，只留下这一块方石。

"迦南"是巴勒斯坦的古称，希伯来人进入迦南后，经过长期斗争，征服了当地从事农业的迦南人，过上了定居的农业生活。他们分为两大部落定居，北面的部落称为以色列，南面的部落称为犹太。后来海上民族腓力斯丁人侵入沿海地区，以色列犹太人同腓力斯丁人进行了长期斗争。从腓力斯丁人那里，他们学会不少东西，国家也逐渐建立。以色列抽签选出扫罗做国王，由扫罗率军抗击腓力斯丁人。扫罗阵亡后，犹太首领大卫统一了南北两个部落，做了国王，建立起统一的以色列犹太国家。大卫及其儿子所罗门在位时，是以色列犹太国家的鼎盛时期，这期间腓力斯丁人被赶走，还在耶路撒冷修筑了神庙和宫殿。

所罗门死后，统一国家又分裂为南北两个：南方犹太人建都耶路撒冷，北方以色列建都撒马利亚。公元前722年，亚述帝国消灭北方以色列王国；

犹太教的象征

彩色玻璃上蒙着眼睛的人，象征着犹太教，他左手举着棘冠，右手拿着出卖基督使其受难的契约，意思是犹太教对十救世主耶稣的死承担着罪孽。这难道就预示着犹太人必然要承担多灾多难的命运吗？

所罗门的审判 油画

公元前586年,南方犹太王国也被新巴比伦王国消灭。耶路撒冷陷落后,犹太人被俘虏到巴比伦,史称"巴比伦之囚"。半个世纪后,新巴比伦被波斯帝国所灭。波斯帝王释放犹太人回巴勒斯坦,允许他们重建神庙恢复政权,但必须臣属于波斯帝国。此后希腊人、埃及人、罗马人相继争夺巴勒斯坦,耶路撒冷常罹祸患,犹太人大遭屠杀被迫流散各地,寄居异国他乡。

巴勒斯坦之行可谓是犹太人的灾难之始。自此以后的1000余年中,犹太人几乎没过过太平日子,尤其是在二战期间被德国纳粹肆意屠杀。有人说这是犹太人与上帝的过节所致,是上帝对犹太人没有履行约定的惩处。不管是否存在这样一个约定,有一个事实不可否认:血雨腥风中走来的犹太民族,永远不愧为是一个富有恒久生命力的、欣欣向荣的伟大的"弱小"民族。

犹太人先知

宗教

耶稣复活之谜

基督教之父耶稣因被判端而遭受酷刑，被钉在十字架上，然而宗教信仰和历史学界对其是否真正死亡各持己见，至今这个问题仍是一个难解的谜团。

一个人把他钉在十字架上处死，然后有人把一柄长矛刺进他的胸膛以便确定他已死亡。他的尸体埋在一座坟墓里，据说是由经验丰富的百夫长守卫着。2天后，尸体却不翼而飞。更为神秘的是，那些了解这个人的人都说

■当基督教盛行于欧洲之后，十字架便成了胜利的象征。

在他死后，还亲眼见过他并和他交谈过。开始，他们怀疑这只是一种梦境或幻觉，但在亲手触摸了他并和他一起进餐后，他们都相信这个人已经复活了！

众所周知，这个人就是拿撒勒的耶稣。他的复活不仅成了基督教的来源，而且成为迷惑历史学家近2000年的谜。

然而关于耶稣的生平经历史料中均有记载。

早在公元2世纪，罗马历史学家塔西陀就曾记载，耶稣是被罗马统治者朴瑟思·彼拉多判处死刑的。他还补充说，耶稣的死并未能阻止他的信徒们的"恶毒的迷信活动"。

在此之前，公元1世纪的历史学家约瑟夫斯记载，在彼拉多把耶稣钉死在十字架上后，耶稣"出现……复活，因为上帝的预言已经预示了这一切以及有关他的无数难解的谜"。

所有的复活故事，包括耶稣其他的奇迹都公然违背人类理性的信念。公元2世纪，哲学家赛尔瑟斯就把这种复活描述为耶稣门徒的一种幻想，"他们对耶稣之死是如此撕心裂肺、痛心疾首，以至于他们诉诸幻想的意志力，让死人复活"。

18、19世纪的理性主义取代了宗教的信仰，在大多数

■耶稣受难

受教育的西方人中,赛尔瑟斯观点的各种版本已成为普遍的看法,在那些由自由主义者任教的德国大学的著名神学系中尤其如此。

到了20世纪,即使是最虔诚的基督教徒,也对把耶稣的历史交由最具理性的历史学家来审视相当满意。大家之间似乎达成了一种协议:基督教徒关心的是自己的信仰,而历史学家更应关注历史的真实。对于前者来说,是真正的基督,对于后者,则是真正的耶稣,两者之间互不关心。

20世纪80年代和90年代,一种全新的自由主义的舆论逐渐取代了以前占统治地位的对于耶稣复活的观点。随着政治因素的逐渐减弱,神学家们感到可以自由地把眼光放到耶稣的言论上而不仅仅是他的复活上,于是,他们便从对弥赛亚的盲目崇拜中解脱出来。神学家们认为,耶稣是可以以多种形象出现的:一个农民,一位圣人,一位法学博士,一位佛教徒,一位革命者,甚至是一个妙语连珠的搞笑高手。

1985年,许多持有这种观点的人聚在一起开了一场"耶稣研讨会",在那里,成员们讨论和争论了《圣经》的戏剧性。

综上所述,在学术领域里,自由主义的观点舆论始终摇摆不定,任何人在这里都可以各抒己见。

而马丁·路德、罗伯特·弗兰克早已将世俗化的内容与基督教义牢牢地结合在一起,并把它钉在了教堂的大门上。一方面是宗教信仰的真实性,一方面是历史事实的真实性,我们要辨明耶稣复活之谜似乎已无很大的意义了。

■耶稣复活

■耶稣时代的洗脚盆

宗教

《古兰经》中的数字之谜

伊斯兰教经典教义《古兰经》，是伊斯兰教国家的最根本的立法依据。在阿拉伯历史上具有举足轻重的地位。它的内容涉及伊斯兰教的信仰和制度、社会问题的主张和规范、各种神话传说、不同教别教徒之间的精彩辩论以及穆罕默德的个人趣事等，涉及范围非常广。

在穆罕默德在世时，《古兰经》还没有编辑成册，只是一些零散记录。后来，穆罕默德的继任者艾卜·伯克尔叫人对它进行整理，并妥善保存，直到第三代哈里发奥斯曼时期，《古兰经》才算正式形成，称为"奥斯曼定本"，流传至今。《古兰经》的原文为古阿拉伯文，共有30卷，114章，6200余节，现已出现多种文字的译本。

在阿拉伯文学史和伊斯兰教文化史上，《古兰经》的地位极为重要。长期以来，许多专家学者通过各种方法，从不同角度对它进行了研究。近几年来，又有人将《古兰经》的原文输入电脑进行分析，出现了许多令人注目的数据。其中最为奇妙而有趣的就是《古兰经》与数字"19"居然有着不解之缘，研究者们对它百思不得其解。

《古兰经》全书114章，而114正好是19的6倍。而且，经书的第1句话由19个字母组成，这19个字母形成"名——安拉——大仁的——大慈的"4个单词，在全书中"名"出现19次，"安拉"共出现2698次，"大仁的"出现57次，"大慈的"出现114次，这些单词出现的次数，又恰恰都是19的倍数。

最早颁布的《古兰经》的经文是第96章，而此章按《古兰经》章次编排的顺序算，是倒数第19章，第1章由19节经文组成，共有285个字母，285又是19的倍数。此外这一章的第5节经文，由19个词组成。根据《古兰经》

▪《古兰经》

▪10世纪的天体观测仪

212

奥斯曼定本，这 19 个单词，是由 76 个阿拉伯文字母组成的，而 76 也是 19 的倍数。

另外，《古兰经》中曾提到很多数字，如"40 天"、

■ 穆罕默德的阿拉伯文书法

意为"三件事使心长寿：看水、看绿草和看美丽的面容"。

"12 道泉水"、"7 重天"、"1000 年"等等，统计一下，这类数字在全书总共出现的次数为 285 次，而 285 是 19 的 15 倍。如果 285 次出现的数字各数相加，其和为 174591，又是 19 的倍数。

类似上述《古兰经》与 19 的关系，经电脑分析多不胜数，这是一个非常有趣的现象。

在其他一些宗教信仰中，人们对数字也有着某些禁忌或是某些数字也充满了神秘色彩，而《古兰经》电脑分析的数据与 19 有着如此密切的联系，难道它也是某种宗教联系，抑或是纯属巧合？是后人研究的无聊话题，还是有某个不为人知的原因？对于这些人们无从知晓，但愿专家学者们的研究能撩开它的神秘面纱。

■ 《古兰经》的经台

这些伊斯兰建筑中随处可见的图案，象征着安拉创造的完美的合逻辑的宇宙秩序。

■ 四处征伐的阿拉伯军队

宗教

麦加的克尔白圣寺

伊斯兰教的穆斯林为何要到圣地朝觐？

每天功课不仅是全世界各国学生的天职，同样也是所有伊斯兰教徒的天职，只不过他们的功课内容与学生的练习大相径庭，不是数学也不是写作文，他们要做的是封斋和朝觐。

按照伊斯兰教的规定，伊斯兰历的每年9月封斋一月，称为"斋月"。封斋期间，没有特殊情况的穆斯林一般都必须进行斋戒。斋戒的内容是每天从黎明到日落停止饮食，禁止一切房事，日落后才允许进食和房事。病人、孕妇和乳妇以及外出旅行者等情况特殊的人，可在斋日免除斋戒，但日后必须按天数进行补斋或采取施舍方式进行赎免，老人和濒危的病人才可例外。

朝觐是伊斯兰教的一项重要活动，是指到伊斯兰圣地麦加朝拜克尔白的宗教礼仪活动。按照制度，凡成年穆斯林，不论男女，只要身体允许，旅途方便，而又能自筹路费，一生中至少应到圣地参加一次正规的大型朝觐活动。正规大型朝觐称"正朝"、"大朝"，每年举行一次，时间在伊斯兰历10月上旬，一般包括如下程序：

穆斯林先到麦加城郊的规定地点受戒，不得理发、修容、争吵、性交、流血及伤害一切生灵。朝圣时身穿朝觐服装，排队绕克尔白缓行7周，亲吻黑石，表示和真主安拉亲密接触。随后到附近赛法和麦尔卧山间疾行7趟。9日这天在阿拉法谷地举行隆重大典，称阿拉法日，是朝觐的主要功课。次日即12月10日，是伊斯兰教的宰牲节，投石打鬼的朝觐者，宰杀一只牲畜（牛羊或骆驼）。至此全部正朝仪式全部结束，朝觐者可以开戒了。正朝、大朝后，一般朝觐者常常去麦地那朝拜先知穆罕默德的墓地。

大朝日期以外，穆斯林也可随时单独去圣地麦加朝觐，称为"小朝"、"巡礼"或"副朝"。

"哈吉"则是伊斯兰教中对穆斯林的一种荣誉称号，是一种身份的标志。无数"哈吉"不远千里长途跋涉，只为亲吻真主安拉，铺平自己的天国之路，其虔诚之举真可谓惊天动地、泣鬼神。

■先知穆罕默德出征麦加

■用来装饰的方砖
上面文字表达"啊，真主"的含义

宗教

■ 耶路撒冷城中的石窟
古代犹太人藏匿财物和食物的地方。传说中的宝藏是否就在这种地方？

"圣城"耶路撒冷是否真的有遗失的宝藏？

耶路撒冷是犹太教、伊斯兰教、基督教三大宗教的圣地，在长达5000年的文明史中，有很多美丽而神奇的传说，"耶路撒冷遗失的宝藏"之说就是其中最诱人的传说之一。那么，耶路撒冷是否真有遗失的宝藏呢？

一个名叫索尼埃的年轻神甫在1885年到雷恩堡接管那里的教堂。雷恩堡位于法国南部兰克多地区，在土鲁斯附近，是个小村落。索尼埃神甫最初的生活异常贫困。可是他在1896年竟然像百万富翁那样肆意挥霍。

■ 曾装有"死海古卷"的经坛

许多对这桩怪事有耳闻的人,都坚信那位年轻神甫找到了地下宝藏,于是他将发掘所得想办法卖给愿意保守秘密的买家。当时有人甚至估计,很可能索尼埃发现的就是传说中"耶路撒冷遗失的宝藏"。这种猜测也有些历史根据:本来古代犹太的大笔钱财在耶路撒冷圣殿里藏着,罗马人在公元70年把它掠了去,

■罗马人洗劫耶路撒冷

且在罗马展览。因此,维西哥德人很可能在1885年索尼埃神甫到这里来之前,将包括耶路撒冷的宝藏在内的掠夺所得,埋在这个山区的众多隧道或天然山洞里。甚至,除了维西哥德人之外,还有别的中古时代民族,把宝藏藏在这些山洞地道内。高卢地方的法兰克人在公元5世纪时,势力强大,前后曾由好几位帝王统治,被称为梅罗文加王朝。

当然索尼埃神甫对这个地区和这个村落独特的历史极其了解,也清楚他那座建于1059年的摇摇欲坠的小教堂是在一个更古的维西哥德旧址上建造的。索尼埃在1891年把教区内的教友说服了,让大家募捐修葺教堂。他在施工过程中找到了寻找宝藏的密码。

索尼埃神甫破译了这些密码,并给后人留下提示。教堂的细致修理复原工作是由他亲自主持的,但是其中一些装饰,与环境格格不入,甚至有亵渎神圣的嫌疑,令人不解。比如,到过雷恩堡的神职人员肯定会觉得奇怪,来到教堂门口,为什么一抬头看到的就是"这地方可怕极了"这样一句话呢?一踏进教堂门口,为什么映入眼帘的第一件东西就是恶魔阿斯莫德奥斯的塑像呢?对教堂内这些怪异的事物和一点也不神圣的画像给予的最合理的解释就是,它们就是线索,为这个神甫提示财产的来源,就像开小玩笑一样。

再也没人找到过任何宝藏,难道是人们没有理解神甫留下的线索的真正意图?更没有人知道神甫可能发现并卖掉的金银珠宝的去向。当时谁有能力购买传说中的庞大宝藏?这些宝藏又流向了哪里?索尼埃神甫在尽情挥霍之后,长眠而去,留给后人的却是无尽的疑问与猜测。

■运送战利品浮雕
罗马士兵运送从耶路撒冷洗劫的财物,满载而归。

宗教

印度尼西亚"千佛寺"之谜

人们都公认由释迦牟尼创立的佛教产生于印度,然而世界上最大的佛塔却在印度尼西亚,而并非建于佛教起源国印度,这不能不说是一件令人奇怪的事情。

印度尼西亚的婆罗浮屠被列为东方文明的四大奇观之一,也是世界石刻艺术宝库之一。佛塔基座上刻有160块浮雕,这些浮雕都是根据佛经刻出来的。中部5层塔身和围墙上也刻有1300块精美浮雕,描绘了佛祖解脱之前日常生活的情景,但并不是佛教的传说,也有一些反映的是民间传说故事,有423尊塑像。这些浮雕刻画人物栩栩如生,形象逼真。

这座佛塔的名字中融合了印尼文化,并不是印度佛教文化简单的移植。"婆罗"一词来自梵文,是"庙宇"的意思;"浮屠"是古爪哇文,意为"山丘","婆罗浮屠"

■ 婆罗浮屠有五百多尊佛的坐像

■ 庄严壮观的婆罗浮屠

迄今为止,婆罗浮屠仍有许多秘密不为人知,相信随着这些谜团地解开,人类对于宗教和历史的理解会更进一步!

即为"山丘之庙"。佛塔的数量很多,佛像也很多,庙中佛像有1000多尊,大型浮雕1400余块。所以,在爪哇历史中,这座佛塔又被称为"千佛寺"。佛塔被后人发掘出来后,大批学者纷纷前来对它进行研究。然而,时至今日,它的秘密也越来越多,人们都在努力探索,但都未能揭开这些秘密。

■最高平台上的佛像和钟形佛龛

秘密之处首先在于建筑。关于佛塔的建筑年代在任何史料中都没有明确的记载。据考古学家们考证,从跋罗婆文写的碑铭上看,那些建筑年代久远,大约在公元772～830年间,具体什么时间却无法确定。

其次,塔内众多的佛像、雕石均有着深刻的含义。然而,它却不是容易为今人所理解的。迄今为止,世人能够理解的仅占20%。如《独醒图》表现富贵不能淫;《救世图》赞扬佛的慈悲宽宏;《身教图》则教育人们不要冤冤相报,而剩下的大部分佛像雕石今人都已经很难理解其深刻含义了。

还有一个更多巧合的秘密是数字。在婆罗浮屠的整个建筑中,多次用到了"8"、"10"等数字。3层圆台上的小舍利塔的数目分别为32、24、16,塔内佛像总共有504尊,全部都是8的倍数。佛塔建筑中所有舍利塔的数目是73。而"73"的个位数与十位数之和恰好是10,这是佛教中一种圆空、轮回的教义的体现。另据传说,原来塔内佛像总数为505尊,后来由于塔顶原来的佛像修行圆满,达到涅槃,远走高飞了,所以现在的只剩下504尊。原佛像数505这3位数之和也是10,这与舍利塔的总数目具有相同的道理,即从0出发,经过9个实数后,回复到0,故10等于0。佛像在数字方面时时都注意体现教义。

随着佛塔神秘面纱的揭开,也许会出现越来越多的类似的谜,人们目前还无法完全去破译这些谜的谜底。但相信时间的推移和高科技的发展,神秘的千佛寺将完全地展露在世人面前。

■婆罗浮屠是印度神话中须弥山的缩影

宗教

宗教
世界历史未解之谜

■ 波吉亚像

教皇亚历山大六世的私生女品行如何?

丈夫死后几周,便能寻欢作乐,悠闲自在,对这样的妻子,你会给她什么样的论断?狠毒、淫乱抑或是水性杨花、不知检点?

卢克雷齐亚·波吉亚是教皇亚历山大六世的私生女,第一个指责她乱伦的是她的首任丈夫斯福尔扎。她13岁就嫁给斯福尔扎。他们的婚姻谈不上爱情,根本就是出于政治利益而结合在一起的。到了解除婚约的时候,波吉亚家族便把斯福尔扎身体的缺陷作为理由,公然称斯福尔扎无法履行丈夫的职责。对此,他无话可说,于是指责教皇为了和波吉亚乱伦,所以才赶走他。这种指责一点根据也没有,不足为信。但婚姻破裂的时候,波吉亚似乎怀过一个西班牙小伙子的孩子。教皇为了免使波吉亚有失颜面,同时让孩子姓波吉亚作为遮掩,就发布了一项说孩子是切萨雷·波吉亚和一个不明身份的罗马人所生的公开声明。

然而波吉亚并不像传言所称的那样糟糕。与家族的其他成员相比,她品行已是相当端正了。尤其值得注意的是,她与日后被册封为费拉那公爵的一位贵族结婚时,这位贵族派他的一个不对波吉亚家族抱幻想的特使对波吉亚的人品性格进行了审察,特使私下向主人报告说:"无疑波吉亚仪态端庄,美艳照人;而且天资聪慧,所以我们不可以也不应该怀疑她有任何不道德行为;她对人对事,莫不和蔼可亲、温文尔雅;此外,她还是一名天主教徒,十分敬畏上帝。"

■亚历山大六世像

她不但是个虔诚的天主教徒,还是个博学的女人,她能用西班牙文、法文、意大利文3种文字作诗。她已经和过去划清界限。此后她除了一次与一个威尼斯诗人交往有失检点外,已一心一意去相夫教子,努力去做一个贤妻良母,并且资助创办艺术活动,对夫家的宫廷产生较大的影响。

1519年,经过第11次怀孕之后,波吉亚再未醒来。难产导致佳人早逝,也使所有爱戴她的人们深感悲痛。意大利各地一封封真挚感人的吊唁信函如潮水般涌来。

综上所述,长期以来历史学家对波吉亚的淫乱蔑称看来还有待考证。

■16世纪两位典雅的贵族妇女画像

宗教

教皇约翰·保罗二世为何被刺？

■教皇约翰·保罗二世像

在1981年5月13日下午5时20分，名号等身的罗马教皇约翰·保罗二世应声而倒。救护车急速前行……

人群中引起了一阵骚动：万人瞩目的教皇遇刺了。是谁如此胆大包天，竟在光天化日之下开枪射击"耶稣的在世代表"？

行刺教皇的凶手当场就被缉捕了。据调查，这是一名23岁的土耳其人，名叫穆罕默德·阿里·阿贾，是一名正被国际通缉的右派纳粹恐怖分子，刚从伊斯坦布尔的监狱里逃了出来。据土耳其阿纳多卢通讯社称，就在阿贾越狱的第3天，他便致函《国民报》扬言要谋害教皇。他是5月9日乘飞机到达米兰的，直到案件发生两天前才来到罗马。

在服刑18个月后，阿贾开始改变供词，并声称谋杀教皇这一行动是一个"国际阴谋"，事后可得到120万美元的赏金。他还将与此案"有关"的几名保加利亚人和另外4名土耳其人的行动供出。

保加利亚巴尔干航空公司驻罗马办事处的副代表谢·安东诺夫参与策划了谋杀计划，并在谋杀行动前将阿贾和

■保罗二世被刺的一刹那

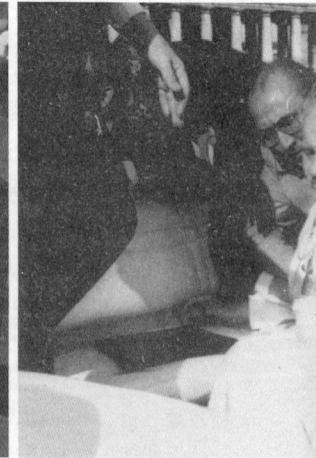
■随从人员救护保罗二世

另一名凶手送至圣彼得广场。

保加利亚驻罗马大使馆会计托·阿伊瓦佐夫陪同凶手前往圣彼得广场,并安排帮助凶手作案后逃离现场的卡车。

参与策划谋杀和计划安排卡车帮助凶手逃离现场的是保加利亚驻罗马大使馆武官处秘书热·瓦西列夫。厄·切利克,土耳其人,对教皇进行谋杀的另一个凶手,教皇所中的第3枪就是他打的,他当时还准备以2颗炸弹来掩护逃跑,但不知什么原因,炸弹没有投出。谋杀教皇用的手枪是由厄·巴哲提供的。由土耳其人贝·切伦克为凶手提供120万美元的赏金。土耳其人穆·切莱比,参与策划谋杀计划。

根据阿贾的供词,意大利保安当局于1982年11月25日逮捕了安东诺夫,先后将巴哲和切莱比捉拿归案。但阿伊瓦佐夫和瓦西列夫已在此之前离开意大利逃回国,切利克和切伦克也相继逃离意大利。切伦克后来在保加利亚被捕,切利克则至今下落不明。

值得庆幸的是,由于抢救及时,教皇最终得以脱离危险。但对于凶手的追查和有关此次刺杀事件的动机都还有待揭晓谜底。

■教皇的来访让信徒们欣喜若狂

■保罗二世与阿里·阿贾在监狱会面

宗教

图书在版编目（CIP）数据

世界历史未解之谜 / 李锁清主编 .—2 版 .—北京：光明日报出版社，2003（2025.1 重印）

ISBN 978-7-80145-757-8

Ⅰ . 世… Ⅱ . 李… Ⅲ . 世界史－普及读物 Ⅳ . ① k019

中国国家版本馆 CIP 数据核字 (2003) 第 052794 号

世界历史未解之谜

SHIJIE LISHI WEIJIE ZHI MI

主　　编：李锁清	
责任编辑：李　娟	责任校对：徐文正
封面设计：玥婷设计	封面印制：曹　净

出版发行：光明日报出版社
地　　址：北京市西城区永安路 106 号，100050
电　　话：010-63169890（咨询），010-63131930（邮购）
传　　真：010-63131930
网　　址：http://book.gmw.cn
E – mail：gmrbcbs@gmw.cn
法律顾问：北京市兰台律师事务所龚柳方律师
印　　刷：三河市嵩川印刷有限公司
装　　订：三河市嵩川印刷有限公司
本书如有破损、缺页、装订错误，请与本社联系调换，电话：010-63131930

开　　本：170mm×240mm			
字　　数：310 千字		印　张：14	
版　　次：2010 年 1 月第 2 版		印　次：2025 年 1 月第 3 次印刷	
书　　号：ISBN 978-7-80145-757-8			
定　　价：36.00 元			

版权所有　翻印必究